中国书籍学术之光文库

灵机一动中迸发的智慧火花

教师的教育机智研究

刘 强 | 著

中国书籍出版社
China Book Press

图书在版编目（CIP）数据

灵机一动中迸发的智慧火花：教师的教育机智研究/
刘强著.—北京：中国书籍出版社，2020.8
ISBN 978-7-5068-7935-4

Ⅰ.①灵… Ⅱ.①刘… Ⅲ.①中小学教育—教育研究
Ⅳ.①G63

中国版本图书馆 CIP 数据核字（2020）第 147688 号

灵机一动中迸发的智慧火花：教师的教育机智研究

刘强　著

责任编辑	邃　薇
责任印制	孙马飞　马　芝
封面设计	中联华文
出版发行	中国书籍出版社
地　　址	北京市丰台区三路居路 97 号（邮编：100073）
电　　话	（010）52257143（总编室）　（010）52257140（发行部）
电子邮箱	eo@chinabp.com.cn
经　　销	全国新华书店
印　　刷	三河市华东印刷有限公司
开　　本	710 毫米×1000 毫米　1/16
字　　数	172 千字
印　　张	14
版　　次	2020 年 8 月第 1 版　2020 年 8 月第 1 次印刷
书　　号	ISBN 978-7-5068-7935-4
定　　价	89.00 元

版权所有　翻印必究

前　言

至少从20世纪80年代开始，我国教育教学领域就已经开始关注教育机智、教学机智现象，关注者既有中小学一线教师，也有学术研究者。在教育教学理论中，教学机智多是作为课堂教学艺术的组成部分进行阐述的。用"艺术"一词来形容教育机智虽然说明了教育机智这种现象的复杂性，但无疑会给教育机智蒙上一层神秘的色彩，从而给教育教学实践者带来一种困惑，甚至产生一种可望不可即的感觉，令教育教学实践者望而却步。但教育机智的确是教师职业生活中不时跳跃的智慧火花，瞬间迸发的灵感，是一个充满魅力的话题。三十余年来，不少教育实践者和教育研究者持续不断地聚焦于这一主题，试图从不同的角度去揭开教育机智神秘的面纱。20世纪80年代中期，"教师的教育机智"成为中国心理学会教育心理专业委员会关注的重点课题，相关研究者在教育机智案例甄选、讨论与研究的基础上取得了初步的研究成果，特别是对教育机智的概念和心理结构形成了初步的共识。研究成果具体表现在三个方面：第一，阐述了教育机智的三个重要特性：事件的突发性、处理的迅速性，以及效果的良好性；第二，剖析了教育机智与教育技巧、教育艺术以及教育创造性的关联，并对教育机智与教育机诈进行了区分；第三，论述了教育机智的心理结构：知识经验因素、智力因素和非智力因素。该课题研究成果主要通过

《教师教育机智与技巧200例》(1990)一书体现出来。该书展现了思想品德教育、课堂教学以及师生关系中的教育机智，并提供了教育技巧与艺术方面的案例。这部著作主要是以"案例+点评"的方式来呈现的，研究还有待深入。之后，黄娟娟在其出版的著作《教师的教育机智》(2001)当中对教育机智的研究依然保留了前述研究的思路，并且强化了前述的研究结论，比如，从思想品德教育、课堂教学、师生关系、教育技巧与艺术四个方面来呈现教育机智故事；教师具备教育机智的条件依然表现在知识经验因素、智力因素和非智力因素三个方面；重新肯定了教育机智与教育技巧、教育艺术及教育创造性的关联。黄娟娟研究特色在于，她阐述了教育机智分析的理论基础，如认知心理学理论，并且精简了案例，增强了对案例剖析的深度，从而进一步推动了前人的研究。

在20世纪末21世纪初期，加拿大阿尔伯塔大学著名的现象学教育学家范梅南的一系列现象学教育学著作《教学机智——教育智慧的意蕴》(2001)、《生活体验研究——人文科学视野中的教育学》(2003)和《儿童的秘密——秘密、隐私和自我的重新认识》(2004)先后被翻译成中文，对中国教育学界产生了重要的影响，并直接推动了国内现象学教育学的发展。其中，范梅南的著作《教学机智——教育智慧的意蕴》被认为是对教育机智进行系统研究的经典著作。范梅南从现象学的角度重新诠释了一门新型的智慧教育学的可能性，从而展现了一种截然不同的教育景观。他提出了智慧教育学、教育时机、教育情境、教育行动等概念，并在这种新型教育学的背景下探讨了机智的性质，特别是教育机智的表现形式、作用和实现方式等主题。这一著作对于激发研究者对教育机智研究的兴趣和热情起到了重要的推动作用。

21世纪初，我国推出的基础教育课程改革带来了中小学教育教学的新气象。教师中心到学生中心的转向使得学生的主动性、积极性被调动起来，学生成为课堂参与的主体。学生主体性的解放给教师的教育教学带来了危机和挑战，使得课堂教学充满了太多的不确定性。教师越来越深刻地体悟到，课堂教学不是教学设计的重演，而是教学设计在遭遇教学现场后的重新生成。课堂教学生成过程中的不确定性给教师带来了一些不安全感，对确定性的寻求以及对课堂教学把控的渴望成为很多中小学教师关注教育机智问题的重要心理因素。除了中小学一线教师对教育机智现象的关注外，教育机智的相关问题也成为不同学科教学领域内的研究生研究的选题，并产生了许多重要的学术成果，进而推动了教育机智研究在不同学科领域内的深化。研究者将教育机智研究与中小学具体学科教学相结合，标志着教育机智的研究迈出了重要的一步。为了服务中小学一线教师的教育教学实践，突出教育机智研究的实用性，一些研究者开始注重教育机智的生成机制，其中具有代表性的研究成果是李进成的著作《不怕学生搅局——教师的教育机智修炼之道》(2014)，该著作运用神经语言程序学等理论与技术，通过典型案例的深入剖析，对教育机智的生成过程进行了深描，为教师机智地处理学生搅局行为提供了切实可行的指导，具有很强的思想性和实践性。

尽管前人已对教育机智现象进行了深入的研究，取得了一系列重要成果，但是对教育机智的研究不应停滞，因为教育机智研究还有许多未解决的难题，而且对于从事教育教学实践的教师而言也绝不是一个可以回避的问题。总而言之，无论对于学术研究而言，还是对于教育实践而言，教育机智都是一个值得永远探讨的有趣课题。我们对教育机智的研究依然是建立在大量案例基础之上的，划分了教育机智的基本类型，通过对不同类型的教育机智案例进行剖析，确定了描画教育机智基本特征的维度，并对教育机智的生成路径以及习得途径进行了分析。接下来，简单介绍一下本书各章节的基本内容。

第一章，教育机智研究导论，主要介绍了教育机智的研究缘起、研究目的与意义、关键概念界定、国内外文献评论、研究的理论基础，以及研究的方法与思路等内容。

第二章，教育机智的基本类型，根据不同的标准将复杂的教育机智现象分为不同的类型。根据教育机智目的指向的差异，我们可以区分教师本位的教育机智和学生本位的教育机智；根据教育机智生成过程的不同，我们可以区分原生型教育机智和习得型教育机智；根据教育机智行为倾向的差异，我们可以区分主动型教育机智和被动型教育机智。本章主要基于教育轶事对不同类型的教育机智的外在表征进行了描画。

第三章，教育机智特征的分析维度，本章首先从教育机智的伦理维度、情感维度、创造维度和实践维度四个方面阐明了教育机智的基本特征。通过对教育机智伦理维度的分析，我们可以得出结论，理想或完美的教育机智是善的动机、善的手段与善的结果的统一，但是从教育实践的角度来考量，我们发现教育机智或多或少存在着动机、手段与结果的不一致。教育机智的情感维度揭示了教育机智的动机在于消除师生关系中存在的尴尬感受，维护人际交往中的情面。通过对教育机智创造维度的分析，我们发现教育者的行为之所以被称为机智的行为，是因为教育者对教育事件的理解、化解尴尬的手段、获得的教育效果是不同寻常、富有创造性的。通过对教育机智实践性维度的分析，我们描述了教育机智的情境性、个人性、默会性和可反思性特征。教育机智的情境性反映了教育机智是一种情境化的实践性知识，体现了教育机智与情境的关联；教育机智的个人性反映了个体人格特质对教育机智的影响，体现了教育机智与人的关联；教育机智的默会性反映了教育机智的缄默性，体现了教育机智与语言的关联；教育机智的可反思性，反映了教育机智作为思维对象的可能性，体现了教育机智与意识的关联。

本章还从非教育机智事例的批判反思维度来揭示教育机智的根本特征。教育机智最深层的体现是教师的教育爱，教育爱不仅是教师从教的基础，更是教师对学生体验敏感性的前提。教育爱使得教师能够通过学生的外在表现来解读学生的内心世界，将学生的喜怒悲欢纳入心中。教育机智是一种迅速的判断力和果断的行动力。教育机智是知与行、身与心、情感与理性的融合。

第四章，教育机智的生成路径，本章主要借助美国教育思想家唐纳德·舍恩的反映性实践理论和法国存在主义哲学家萨特的注视与情感理论对教育机智生成的路径进行了阐释。首先，教育行动的发生源于对教育问题的敏感性。问题意识的产生在于教育教学实践与教育者固有的教育信念或内在的信奉理论发生了冲突。其次，在这种问题情境中，教师决定是否采取行动或者如何采取行动取决于教师已有的经验。我们借用了舍恩的"相似地看与做"的概念来诠释教师机智行为的生成路径。如果教师具有足够丰富的教育教学经验案例库，那么会很容易通过"相似地看与做"的方式采取行动。第三，教师机智的生成在于巧妙地转移人际互动中关注的焦点，从而化解尴尬的局面。第四，教育机智的生成是基于教育信念的自然行动。当教师内心的信奉理论或教育信念是为学生着想、维护学生尊严、保护学生隐私时，就会自然而然地采取行动避免让学生陷入尴尬或者受到伤害。

第五章，教育机智的习得途径，本章认为教育机智是教师的一种实践性知识，它很难通过传统的教师教育模式得以传授。教师教育应该超越理论知识和教学技能的传授，将教师的实践性知识纳入其中。本章通过描述教师教育国培项目及"硕师计划"研究生班中的案例教学过程，展示了如何引导中小学教师撰写教育轶事，通过小组讨论与反思解读教师的教育机智，或者生成自己的教育机智。实践与反思相结合、自我反思与专业引领相结合是教师专业成长的不二法门。

目 录
CONTENTS

第一章 教育机智研究导论 ·· 1
 一、研究缘起 ··· 1
 二、研究的目的与意义 ·· 9
 三、研究概念界定 ··· 10
 四、研究文献评论 ··· 11
 五、研究的理论基础 ·· 35
 六、研究方法与研究思路 ··· 42

第二章 教育机智的基本类型 ··· 45
 一、教师本位与学生本位的教育机智 ······································ 45
 二、原生型教育机智与习得型教育机智 ···································· 58
 三、主动型教育机智与被动型教育机智 ···································· 62

第三章 教育机智特征的分析维度 ·· 73
 一、教育机智的伦理维度 ·· 73
 二、教育机智的情感维度：尴尬 ··· 93

三、教育机智的创造维度：巧妙性 ·· 103
四、教育机智的实践维度：实践性知识 ···································· 113
五、非教育机智的批判维度 ·· 125

第四章　教育机智的生成路径 ·· 146
一、教育机智生成的前提：教育问题意识 ································ 147
二、教育机智生成路径之一：相似地看与做 ···························· 153
三、教育机智生成路径之二：关注焦点转移 ···························· 158
四、教育机智生成路径之三：基于教育信念的自然行动 ·········· 167

第五章　教育机智的习得途径 ·· 175
一、基于教育实践的自觉反思 ·· 176
二、聚焦教育机智的教师培训 ·· 181

结　语 ·· 194

附　录　教育机智轶事撰写指南 ·· 198

参考文献 ·· 202

致　谢 ·· 210

第一章

教育机智研究导论

不论教育者对教育学理论研究得怎样，如果他没有那种所谓的教育机智，他就不可能成为一个优秀的教育实践者……

——乌申斯基（《人是教育的对象》）

一、研究缘起

（一）新课程改革对智慧型教师的召唤

"我国于 2001 年开始的新一轮基础教育课程改革，是新中国成立以来我国教育领域最为广泛和深刻的变革"[1]，时至今日，新课改已经持续了近 20 年，新课改的理念已经渗透到我国基础教育的方方面面。新课程改革的核心目标是为了学生的发展，它尊重学生的生活经验，鼓励学生的主动探究，提倡师生之间的互动，体现了对学生学习主体性和个性的尊重。《基础教育课程改革纲要（试行）》阐明了新课改理念下教学方式变革的目标，即"改变课程实施过于强调接受学习、死记硬背、机械训练的现状，倡导学生主动参与、乐于探究、勤于动手，培养学生搜集和处理信息

---

[1] 中国教育科学研究院课程教学研究中心课题组. 基础教育课程改革十年：经验、问题与对策 [J]. 教育科学研究，2012（9）：5.

的能力、获取新知识的能力、分析和解决问题的能力以及交流与合作的能力。"[1]《纲要》还阐明了新课改理念下的教学过程与目标，即"教师在教学过程中应与学生积极互动、共同发展，要处理好传授知识与培养能力的关系，注重培养学生的独立性和自主性，引导质疑、调查、探究，在实践中学习，促进学生在教师指导下主动地、富有个性地学习。"[2] 可以说，新课程改革解放了学生的天性，让学生成为学习过程的体验者，知识的探究者，教学活动的参与者，激发了学生的学习活力，从而重新塑造了师生关系和课堂教学，使整个教育生态发生了深刻的变革。

新课程改革带来教育进步与发展的同时，也伴随着一些教育者因不适应而产生的阵痛。课堂教学不再是教师掌控的舞台，而是师生互动、思维碰撞、即时生成的平台。课堂教学中学生主体意识、参与意识的唤醒给教师带来了巨大的挑战，教师不得不面对一个严峻的教育事实，即教育教学实践充满了不确定性，而伴随着这种不确定性的则是心理上的一种不安全感。这是因为"大多数教师更崇尚、熟悉和习惯于确定性的运用，而对不确定性回避甚至拒绝。他们讲究课堂教学结构严谨对称，喜欢教学过程四平八稳，追求教学结果与教学目标完美吻合，教学过程每一步都必须按教师预先设定的程序进行，不许有'节外生枝'的现象产生。"[3] 当课堂教学的节奏不再仅仅由教师掌控时，如何处理课堂教学中的意外或突发事件则成为教师需要面对的一个比较棘手的问题。伴随着新课程改革而带来的教师角色和地位的转型，教师需要以一种更加开放、宽容与从容的姿态去应对教育情境中的不确定性，而教育机智则成为教师应对不确定性的一项

---

[1] 中华人民共和国教育部. 基础教育课程改革纲要（试行）[J]. 学科教育, 2001 (7): 2.
[2] 中华人民共和国教育部. 基础教育课程改革纲要（试行）[J]. 学科教育, 2001 (7): 3.
[3] 陈丽萍. 关于课堂教学不确定性的探究 [J]. 教育探索, 2003 (2): 67.

重要能力。在新课程改革背景下，教师由知识和技能型教师转向智慧型教师势所必然。

（二）教育教学实践的本质呼唤教师的教育机智

新课程改革是对传统课堂教学实践的批判，传统课堂教学以教师为中心，"更多的是从教师如何易于管理学生、保持课堂秩序和完成教学任务的角度来考虑的，目的是为了保证教师讲课的连续性，要求学生只是按照教师的思路进行思考。"[①] 传统的课堂教学以传授知识为主，强调教师对课堂的掌控，忽略学生的课堂参与和学习体验，从而使课堂教学变成了教师的独角戏。在这种情况下，课堂中的突发事件和意外往往令教师措手不及。新课程改革是建立在对教育教学本质的深刻认识基础之上的，"新课程标准指出：教学是不断生成的，在教学活动中，师生互动、生生互动，在相互碰撞中不断生成新的教学资源、教学内容、教学程序乃至新的教学目标。因此，课堂教学不应该是教师完全按照预设的教学方案机械地、僵化地传授知识的线性过程，而应是根据学生学习的实际需要，不断调整、动态发展的过程。"[②] 换言之，课堂教学不是教学设计的简单重演，而是教学预设在遭遇教学情境后的重新生成，是预设与生成的辩证统一。"课堂教学既需要预设，也需要生成，预设与生成是课堂教学的两翼，缺一不可。预设体现教学的科学性、计划性和封闭性，生成则体现教学的艺术性、动态性和开放性，两者具有互补性。"[③] 新课程标准揭示了教育教学实践的生成本质，只有深刻洞察教育教学实践的本质，才能返回教育教学

---

① 徐彦辉. 论教学的"不确定性"[J]. 全球教育展望，2008（5）：10.
② 周荣秀. 课堂"意外"三步曲及其教育意蕴[J]. 天津师范大学学报（基础教育版），2009（4）：64.
③ 周荣秀. 课堂"意外"三步曲及其教育意蕴[J]. 天津师范大学学报（基础教育版），2009（4）：66.

的本真状态。

如何应对教育教学情境的复杂性恰恰是教师专业实践的关键,倡导"反映性实践"的美国教育家舍恩(Schön Donald A.)指出,实践域中充斥着的复杂性、模糊性和不确定性恰恰是专业实践的核心,这往往是以技术理性为指导的实践者难以解决的。① 在课堂教学的生成过程中,教师需要不断地对教学情境中充斥着的模糊性、不确定性和偶然性做出即时的回应,换言之,教师的专业实践充满着即兴的反应。加拿大现象学教育学家范梅南(Van Manen, M.)指出,"教学行为本来就是即兴的。教师必定总是在偶发的情境中(交互)行动的,他们通常是在快节奏的情境下通过大量的活动引导学生,这些情境需要教师迅速做出决定,而学生的评论和行动经常也是无法预料的。"② 课堂教学实践的即兴性意味着潜在的教学风险,因为缺乏审慎反思的教学行为可能会对学生的课堂学习产生消极的影响,甚至会对学生的人格发展产生深远的负面影响。因此,课堂教学行为的生成特质与即兴性召唤着教师的教学机智,"教学设计与教学机智是预设与生成的系,预设和生成之间尽管有冲突,需要协调,但同时也是互相依存和促进的,预设是为了更好地生成,而生成则将预设推向完满。"③

(三)人类的本性注定了对教育机智的探求

人类历史发展的进程告诉我们,人类始终在不确定的生活环境中不断寻求着安全感,这种安全感的提升是伴随着人类对自然世界认识能力和改

---

① 舍恩. 培养反映的实践者:专业领域中关于教与学的一项全新设计[M]. 郝彩虹等,译. 北京:教育科学出版社, 2008. 4 – 7.
② 范梅南. 研究并理解学生的体验[A]. 陈向明. 质性研究:反思与评论(第一卷)[C]. 重庆:重庆大学出版社, 2008:12 – 21.
③ 刘徽. 教学机智与教学预设矛盾吗—兼论剧本式教学计划和愿景式教学设计[J]. 教育发展研究, 2007 (11):47

造能力的增强为前提的。在人类认识世界和改造世界能力极端低下的情况下，人类借助于神话、宗教、图腾等来寻求安全感。随着人类生产生活水平的提升，特别是自然科学技术的进步，人类获得了前所未有的信心，相信技术的进步能给人类带来更多的福祉，人类对自然的敬畏也随之减少。认识世界和改造世界能力的增强使人类获得了更强的掌控感和安全感，但实际上，人类社会生活中处处彰显着不确定性，如每天车祸带来的死亡，突如其来的疾病带来的痛苦，偶发的自然灾害给人类的致命一击等等。"我们不停地在努力确定一切都井然有序，一切都在掌控之中。然而，焦虑总是与可能性相伴。"① 可见，人类对确定性的寻求不过是为了规避焦虑，获得一种安全感。

除了宏观的人类社会的发展，微观的专业实践领域中的不确定性也给实践者带来一种不安全感。特别是专业教学实践领域中的新手，由于缺乏专业实践经验和技巧，往往会努力寻求一种确定性和掌控感，殊不知却扼杀了应对不确定性的智慧火花。教育机智是教育者应对专业实践当中的不确定性的一种方式，在灵机一动中爆发的教育机智让我们不得不去思考，教育机智从何而来？教育机智的本质是什么？教育机智能否习得以及如何习得。对教育机智的研究并非要消除教育教学实践当中的不确定性，也并非仅仅使教育实践者获得一种安全感，而是使教育教学实践者始终保持一种随时应对挑战的心态，在处理教育教学实践当中的突发事件时能够展现出教育工作者应有的智慧。下面的教育轶事反映了一位新手教师对教学实践确定性的渴望，她所欠缺的是一种应对不确定教育情境的敞开心态。

为了提高我们这群刚入职教师的教育教学水平，教务处开展了听

---

① 马里诺. 存在主义救了我［M］. 王喆，柯露洁，译. 北京：北京联合出版公司，2019：13.

灵机一动中迸发的智慧火花　>>>

新教师汇报课的工作。那天是星期二，是我接到要上汇报课通知的日子，为什么要特意提这天呢？因为从这天起，我就开始上报汇报课的时间、地点、班级、讲授内容。总之，我在这几天一定要准备一节课给教务处的老师们听。除了这星期的汇报课，接下来的一周还有一个新秀比赛课。十天的时间里要上两节公开课，对我来说，如同一个霹雳。上两节课不难，上好这两节课却很不容易。上好一堂课由很多因素决定，最主要的两个因素就是教师的准备和学生的配合。汇报课的内容，我选择了《中国共产党诞生》一课，是八年级历史上册第14课，选这一课来讲是因为这个历史事件具有很重要的意义，而且比较好讲。八年级我带了两个班，这两个班各有特色，并且特色鲜明。八（3）班的学生整体活泼，敢于尝试，课堂气氛活跃，按他们班的这个特点我该选他们，但正是因为他们过于活泼了，我掌控不了他们班。于是，我选择了相对安静沉稳的八（4）班，八（4）班平时上课气氛比较沉闷，除非我点名让他们回答问题，否则几乎没有人回答问题。有一次，教研组的一位老师上小组课，组里的老师都要去，我很开心，因为这对我来说是一次学习的机会。这位老师的课就选择了八（4）班。让我出乎意料的是，这群学生很活跃，回答问题很积极，并且不紧张，这时我才意识到，他们在历史课上不活跃是我的问题，是我引导不到位。还有一个最重要的原因就是八（4）班的学生更善于思考问题，更容易把控，不怯场。

选好课和班后，我就开始了备课。我的备课时间除去给别的班上课的时间只有一天多，我真的是紧张了两天，直到上完那节汇报课。我在熟悉完这节课的教材内容后，对该课的逻辑思路有了一个初步的认识，按照教材内容去网上找各种优质的资源，找到了两个适合公开课用的课件，但这两个课件各有优点及不足，里面的内容不都是我需要的，于是我按照自己的讲课思路及习惯将这两个课件里面的内容重新进行了整合并加入了我自己的一些想法，这样就完成了课前准备。准备好了后，我就把我的讲课思路和个人的想法一一给我的师傅讲了一遍，他觉得我的设计很不错，效果还要上完课才能知道。除了请教师傅，我还向办公室里讲课讲得很好的一个年轻教师请教，请教的问题是："我在电影《建党伟业》里面看到一个片段，很有感触，想让同学们表演一下。"那个老师说："想法很好，但如果不让学生们练习的话，可能达不到效果。"这时候离汇报课还有两三个小时的时间，中间还有一个午休。这个老师的话自然让我产生了放弃这个设计的念头，但我还是想试一下。学生再去背台词肯定是没有时间了，我就把电影里的台词，一句一句写到纸上，然后再打到课件上去，这样学生就不用背词了。接下来的问题就是哪些学生敢上台表演，我利用他们课间的时间给他们介绍了一下这个活动，再次让我意想不到的是，他们班绝大部分同学都想参与这个活动，由于对他们的了解不够深，只有让课代表帮我选上几个"靠谱"的同学，然后给我讲一声。这个环节给学生交代完后，离我上汇报课只有一节课了，紧张感也只增不减。

在上这一节课前，我就提前到要上课的录播教室拷贝课件，检查有没有问题，视频能不能播放，做最后的课前准备。越是重要的时刻时间流逝得越快，第一节下课铃刚响，我已经在八（4）班门口等着了，组织他们拿着笔和书本去录播教室。课间休息只有十分钟，时间很紧迫，等所有学生都坐好，差不多就该上课了，喊"上课"前，我浏览了一下他们所有人，才发现还有空座位，就是还有同学没来，我心头一紧，等了一会儿，这位同学才姗姗来迟，别的老师似乎也没有注意到这个小插曲，也就没什么。我喊完"上课"等一系列程序，就开始了11月份的汇报课。【S2018-25】①

上述教育轶事反映了新手教师在准备公开课时的一种比较常见的心态，他们在教学设计和准备阶段总是千方百计地确保教学实施的确定性，如这位教师会仔细分析学情，以便上公开课时选择一个可以"掌控"的班级的学生作为教学对象。在教学设计完成后，为了寻求确定性，她向自己的师傅说课并征求办公室其他教师的意见。为了确保学生角色扮演成功，她精心准备好台词，让课代表选择"靠谱"的学生来参与教学活动。她还提前到录播教室检查自己的课件有无问题，"做最后的课前准备。"毋庸置疑，为了避免教学意外，这些准备是必要的，但是教师必须保持一种开放的心态才有可能机智地应对教学过程中的突发事件，才有可能实现课堂教学的真正生成。

（四）研究者遭遇教育机智

2018年10月，我有幸参加了由首都师范大学举办的第四届现象学教育学国际学术会议，并做了题为"课堂提问的机智：基于学生学习体验轶事的现象学分析"的会议发言，显然，明眼人都知道，我的文章受到现象学教育学家范梅南的影响，因为他的这本著作《教学机智——教育智慧的意蕴》在国内非常有名。作为一名教师教育者，在做国培项目的过程中，以及为"硕师计划"研究生班的老师授课过程中，我基于此次会议论文，为他们讲授了名为"课堂教学机智"的专题讲座，通过案例的展示与分

---

① 【S2018-25】是本研究中使用的教育轶事标识符号，它标识了文献收集的信息，S代表了教育轶事的来源，即"硕师计划"研究生班的老师，收集时间为2018年，文本的序号为25，后文的文献收集标识不再一一说明。

析，激发了国培学员和年轻老师们的探索热情。他们分享了自己在教育教学实践过程中所遭遇的教育机智案例，并与我一起在课堂上分析这些案例。在相互的交流与探讨中，我们彼此都受益匪浅。这再次强化了我深入研究教育机智的决心，承诺把他们的案例用于研究，产生研究成果，并回馈于他们。

更重要的是，在长期教育教学实践当中，我感觉到自己在某些教育情境中也可以表现出教育机智来。记得有一次我与谌老师监考化学。当我提前十五分钟到达考场时，发现谌老师早已在考场里等候了。开考前的十来分钟，令我们出乎意料的是，我们并没有感受到考试前的安静，考场里不少学生都在交头接耳、窃窃私语，不知道兴奋地议论着什么。谌老师忍受不下去了，突然严肃地训斥道："能不能安静下来，马上就要发试卷了。"学生们好像被这突如其来的声音震住了，考场安静了不少。我感觉到考场气氛有些压抑，于是对同学们温和地说道："好啦，同学们不要再说话了，再说话，考前背好的化学方程式受到干扰，一会考试想不起来了，那麻烦可就大了！"说话的学生会心一笑，收敛起来不再说话，开始准备进入考试状态。当时我对自己的教育行为并没有任何反思，但事后反思才发觉，这就是一种教育机智。在我的亲身体悟中，教育机智似乎是一件很神奇的事情。我直觉到教育机智是在知行当中迸发的智慧火花，应该是可以习得的，于是我越来越坚定了探究这一课题的信心。

二、研究的目的与意义

教育机智课题研究的目的在于从诸多教育轶事出发，通过反思和主题分析，描述教育机智的外在表征，阐明教育机智的本质特征，探索教育机智的生成机制，为教育机智的习得提供建议。

教育机智课题的研究对于研究者、参与者以及教育者都具有重要的价值和意义。对于研究者而言，该课题的研究既有助于深化对教育机智本质的认识，丰富教育机智的相关理论，又有助于培养自身的教育机智；对于研究参与者而言，该课题的研究既有助于促进教育实践的反思，又有助于实现教育智慧的生成；对于教育者而言，该课题的研究可以为教师的教育机智等诸如此类实践性知识的习得提供一些启发。

三、研究概念界定

在还没有完成对教育机智本身的研究之前，要对教育机智本身下一个定义似乎是一件难事，也是自相矛盾的事情。在还没有认清事物的本质之前，怎么进行概念界定呢？也许一个初步的或者宽泛的定义是有必要的，否则研究就没有了起点。在对概念进行界定时，首先需要说明的是教育机智与教学机智的区别，本研究并没有对两者做实质的区分，而之所以使用教育机智而非教学机智，是因为"教育"的外延大于"教学"，教学是教育的组成部分。因此，从逻辑上说，不管对机智如何界定，教育机智与教学机智的区分只是外延的不同，使用教育机智只是为了便于探讨发生在非教学情境中的机智问题。因此，这两个概念在本研究中并不做严格的区分。对教育机智与教学机智不做区分的另一个原因源于德国教育思想家赫尔巴特提出的教学的教育性原则，即教育与教学从来都是融为一体的，赫尔巴特在《普通教育学》中提出，"我不承认任何'无教育的教学'"[1]，任何一门学科的教学永远都蕴含着育人的价值取向。从这种意义上说，教学机智与教育机智具有一致性。

---

[1] 赫尔巴特. 普通教育学[M]. 李其龙, 译. 北京：人民教育出版社，2015：6.

对于教育机智或教学机智，给出一个一般的用以引导研究的初步定义是必要的。根据《教育大辞典》的解释，教育机智指"善于根据情况变化创造性地进行教育的才能。包括两个方面：在教育教学中有高度的灵活性，能随机应变、敏捷、果断地处理问题；有高度的智慧，能巧妙、精确、发人深省地给人以引导、启示和教育。"① 而教学机智是指"教师面临复杂教学情况时所表现的一种敏感、迅速、准确的判断能力。如，在处理事前难以预料、必须特殊对待的问题时，以及对待处于一时激情状态的学生时，教师所表现的能力。"② 尽管上述关于教育机智或教学机智的定义并不完美，但并不妨碍它成为我们研究的抓手和起点。

四、研究文献评论

（一）国内关于教育机智的学术探讨

国内关于教育机智的学术探讨至少可以追溯到20世纪80年代发表的学术论文，此后从20世纪90年代开始至今，对教育机智的探讨一直没有间断过，并且成为不少学科教学领域内的硕士研究生和博士研究生的毕业论文选题，取得了大量的研究成果。研究也从开始简单的经验反思转向深入剖析，研究的理论性逐渐得到突显，研究不断得到深化和细化。

20世纪80年代，国内对教育机智曾进行过一次集中的探讨。"1986年7月，中国心理学会教育心理专业委员会教师心理研究组在四川德阳教育学院召开了'教育机智'专题研讨会。"③ 课题组基于教育机智实例对

---

① 顾明远.教育大辞典（增订合编本·上）[M].上海：教育出版社，1998：753.
② 顾明远.教育大辞典（增订合编本·上）[M].上海：教育出版社，1998：716.
③ 中国心理学会教育心理专业委员会教师心理教育机智课题组.教师教育机智与技巧200例[M].成都：电子科技大学出版社，1990：1.

灵机一动中迸发的智慧火花 >>>

教育机智的概念和心理结构进行了初步探讨，形成了一些研讨成果。首先，该次会议阐述了教育机智的基本内涵，"所谓教育机智，就是教师随机应变地对教育过程中的突发事件进行迅速、巧妙而正确处理的心理能力。"① 该次会议主要从以下几个方面剖析了教育机智现象：第一，阐明了教育机智的三个重要特性：事件的突发性、处理的迅速性、效果的良好性。这三个特性是判断教育案例是否属于教育机智的不可缺少的标准。第二，分析了教育机智与教育艺术、教育技巧以及教育创造的联系和区别（见图1.1）。会议认为，"教育机智是一种教育艺术，或者说是一种高超的教育艺术，但是教育艺术并不一定是教育机智。同样，教育机智是一种教育技巧，或者说是一种高超的教育技巧，但是教育技巧也不等于教育机智，只能说它是教育机智的基础。教育机智的确是教师创造性的表现，教育机智离不开创造性，但是机智与创造仍然不同，有创造性的东西，不一定存在机智的因素。"② 第三，阐释了教育机智和教育机诈的本质不同。

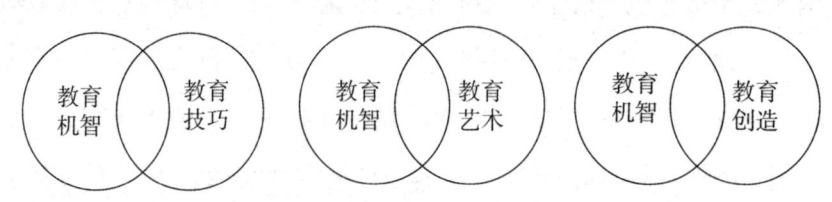

图1.1 教育机智与教育技巧、教育艺术及教育创造的关系

其次，会议揭示了教育机智的心理结构，认为影响教育机智的因素主要有知识经验、智力水平以及非智力因素。教育机智需要建立在丰富的知识经验基础上，与智力水平成正比。非智力因素如情感、意志和个性也会

---

① 中国心理学会教育心理专业委员会教师心理教育机智课题组. 教师教育机智与技巧200例［M］. 成都：电子科技大学出版社，1990：3.
② 中国心理学会教育心理专业委员会教师心理教育机智课题组. 教师教育机智与技巧200例［M］. 成都：电子科技大学出版社，1990：3.

对教育机智的形成产生不同的影响。

这次研讨会取得的初步成果体现在《教师教育机智与技巧200例》（1990）一书中。这部书还展现了思想品德教育、课堂教学、师生关系中的教育机智实例，以及教育技巧与艺术实例，并进行了简单的点评，可以说是对教师教育机智的初步探索，为我国学术界对教育机智的进一步研究奠定了基调。

20世纪90年代以来，研究者对教育机智的研究呈现出迅猛的增长，在近30余年的研究中取得了一系列学术成果。概言之，主要表现在以下几个方面：教育机智的内涵、教育机智的特征、教育机智的分类、教育机智的生成策略，以及教育机智的培养途径等。

1. 关于教育机智内涵的研究

不同的研究者对教育机智内涵的探讨并未达成共识。不同的研究者根据研究的目的会侧重于强调教育机智的不同方面，但总体而言，学者对教育机智的认识在逐步深化。20世纪80年代，研究者将教育机智界定为"教师随机应变地对教育过程中的突发事件进行迅速、巧妙而正确处理的心理能力。"[1] 对教育机智概念的这种认识得到不少后续研究者的认同。比如，朱国玉（1995）[2]、杨波（2001）[3] 在其研究中都完全认同教育机智的这一定义。汪刘生（1993）持相似的观点，他认为，"教学机智就是教师在教学过程中面对千变万化的教育情境，准确、迅速、敏捷地作出判断，恰到好处地妥善处理，收到理想的教育效果，达到最佳的教学境

---

[1] 中国心理学会教育心理专业委员会教师心理教育机智课题组. 教师教育机智与技巧200例 [M]. 成都：电子科技大学出版社，1990：3.
[2] 朱国玉. 教育机智初探 [J]. 江西师范大学学报（哲学社会科学版），1995（2）：81.
[3] 杨波. 德育教育机智中的"六要" [J]. 四川教育学院学报，2001（2）：40.

界。"① 刘野指出，"直至目前，多数教育家认为，教育机智是教师对突发性教育情境作出迅速、恰当处理的随机应变的能力。这个定义，简洁扼要的说明了教育机智的本质。"② 上述对教育机智的理解在国内具有很强的代表性，王丽秋（2011）对此评论说，这种观点的"偏颇之处显而易见，即将教育机智仅局限于突发性教育情境，而弱化了常态教育情境。"③ 根据研究者对教育机智关注点的不同可以将其对教育机智的理解区分为以下几种倾向：

（1）将教育机智视为特殊的智力定向能力。具体而言，陈邦安（1987）认为，"教育机智是一种特殊的智力定向能力，具体地说，即对学生活动的敏感性，以及根据新的、特别是意外的情况，快速作出反应，及时采取恰当措施的能力。"④ 汪刘生（1993）认为，"教学机智是教师的一种特殊的智力定向能力，具体地说，它是教师在短暂的时间内，面对突发的偶然事件，敏锐地'激爆'出多种处置方案，并能迅速地作出选择，择其最优方案加以正确处理的能力。"⑤ 董小玉和巫正鸿（1997）指出了教育机智所蕴含的多种能力。他们提出，"所谓教育机智，就是在教学过程中，教师通过敏锐地观察学生的细微变化，根据学生的身心特点，在学生'心理基地'上引起的心理效应中所表现出的智慧与才干，它包括教师在教学中的表现力与说服力、应变力与组织力，以及教师用自己的人格力量去感染学生，去引起学生的共鸣。"⑥ 王北生（2001）将教学机智视为一

---

① 汪刘生. 论教学机智 [J]. 安徽师大学报，1993（3）：243.
② 刘野. 教育机智的类型 [J]. 江西教育，2008（2）：5.
③ 王丽秋. 教育机智的内涵及运用策略探索 [J]. 淮北师范大学学报（哲学社会科学版），2011（4）：133.
④ 陈邦安. 程序控制与教学机智 [J]. 湖南教育，1987（10）：26.
⑤ 汪刘生. 论教学机智 [J]. 安徽师大学报，1993（3）：243.
⑥ 董小玉，巫正鸿. 教育机智浅谈 [J]. 中国教育学刊，1995（1）：37.

种包含了观察力、反应力、自制力与应变力的综合性的智能表现。① 刘莉（2004）认为，"教育机智是教师在教育教学活动中的一种特殊智力定向能力，是指教师对学生各种表现，特别是对意外情况和偶发事件，能够及时作出灵敏的反应，并采取恰当措施解决问题的特殊能力。"②

（2）将教育机智视为处理复杂问题的能力。具体而言，刘丽君（1997）认为，"所谓教育机智，是指教师对在教育过程中出现的复杂情况或偶然事件，不加思索或稍加思索，就能正确、迅速、敏捷地作出判断、并迅速采取恰当的措施妥善处理的能力。"③ 张淑清（2000）指出，"教育机智是指教师在教育活动中表现出来的对新的意外的情况正确而迅速地作出判断并决定合理的处理方式付诸行动以解决问题的能力。"④ 王卫学（2004）将教育机智界定为"教师在教育、教学活动中，在突发地，随即变化的情景下立即采取有教育意义行为的创造力。"⑤ 彭霞（2011）提出，"教学机智就是在一定的教学情境中，面对课堂中意想不到的情况，教师敏锐捕捉其中的教育资源，从学生的利益出发，基于教学目标，进行理性的判断与果断的决策，并把瞬间的思考转化为创造性的教学行为，以及时、有效地处理课堂中的偶发事件。"⑥ 徐晋华（2013）在综述国内外教学机智研究成果的基础上提出了教学机智的定义，"教学机智，是教师在课堂教学中，面对复杂的教育情境，敏感、迅捷、随机应变地捕捉教育契机，巧妙、灵活、智慧地将教学偶发事件转化为有教育意义的事件，给学

---

① 王北生. 教学艺术（第2版）[M]. 开封：河南大学出版社，2001：304-305.
② 刘莉. 教育机智——教育智慧的意蕴[J]. 江苏教育，2004（1）：16.
③ 刘丽君. 浅谈教育机智的培养[J]. 中国职工教育，1997（4）：37.
④ 张淑清. 论教育机智[J]. 忻州师范专科学校学报，2000（2）：22.
⑤ 王卫学. 教学中教育机智的研究[D]. 天津：天津师范大学，2004：18.
⑥ 彭霞. 关于农村小学骨干教师教学机智的调查研究[D]. 长春：东北师范大学，2011：12.

生发人深省的引导和启示的教育智慧。"① 张跃先（2015）认为，"教育机智是机智的一个特例，指教师在面临复杂教学情境时所表现出的临场智慧和能力，它需要教师在适切的教育情境下，依据不同的教学内容、对象、环境，将各种不协调的因素巧妙灵活地加以变动，以取得最佳的教育效果。"②

（3）将教育机智视为随机应变的能力。具体而言，肖远骑（1994）认为，"所谓教育机智就是教师在教学实践活动中的一种随机应变的能力。而课堂教育机智则专指在课堂教学中处理有关教学的偶发事件的能力，即在课堂教学中的一种应变能力。"③ 黄娟娟（2001）认为，"教育机智就是一种善于根据情况变化创造性地进行教育的才能。具体来说，教师的教育机智包括两个方面：一是指教师在教育教学过程中，能够根据学生的知识经验、身心特点及其个别差异等各方面的情况，有高度的灵活性，能随机应变地对教育教学过程中突发事件进行敏捷、果断而准确地处理的心理能力；二是指教师有高度的智慧，能巧妙地、精确地、发人深省地给人以引导、启示和教育。"④ 王枬（2002）提出，"教育机智是教师在教育过程中根据意外的情况准确、恰当、迅速、敏捷地作出判断，随机应变、恰到好处地采取果断措施的能力。"⑤ 董淑花（2005）认为，"教育机智是指教师对教与学双边活动的敏感性，是教师在教育、教学情景中特别是意外情况下，快速反应，随机应变，及时采取恰当措施的综合能力。"⑥ 吴荣山

---

① 徐晋华. 教学机智研究述评与展望［J］. 福建教育学院学报，2013（3）：65.
② 张跃先. 教育机智的内涵、特点及应用策略［J］. 长冶学院学报，2015（6）：104.
③ 肖远骑. 论课堂的教育机智［J］. 中国教育学刊，1994（1）：35.
④ 黄娟娟. 教师的教育机智［M］. 长春：东北师范大学出版社，2001：13.
⑤ 王枬. 教育智慧：教师诗意的栖居［J］. 社会科学家，2002（2）：6.
⑥ 董淑花. 新课程改革中教师教育机智及其培养［J］. 基础教育参考，2005（5）：45.

(2005)认为,"教学机智属于优秀教师个性化的行为,是在教学过程中,教师面对千变万化的教学情景保持心理平衡,快速地随机应变地做出判断和处理,合理调控和驾驭课堂的特殊能力。"①

(4)将教育机智视为一种行动。钟启泉(2008)将教学机智视为教师面对惊异,契合情境的即兴创作。② 王卫华(2009)将教学机智界定为"教育者在一定教学情境中,瞬间作出的具有教育意义的创造性行动。"③ 王华婷(2013)认为,"教学机智是师生主体间实践的本质展现,是教师在面对教育教学的不确定情境状况时不失时机地进行意义创生,即在具体的教育教学情境中以合乎适宜的行动对意义的即兴创作和瞬间生成。"④ 王卫华反对教育机智的能力说,因为能力具有稳定性,而教育机智总是具有情境性,不是教育者的一种恒定的品质,而是教育者的一种行动方式。他说,"把教学机智看作是某种能力,并没有揭示出教学机智的真正本质,是对它的一种不恰当的抽象。教学机智生成于实践活动之中,表现为某种具体的行动方式,而不是一种固定不变的心理品质。"⑤ 钟启泉(2008)则强调教育机智的相对稳定性。他说,"我们在判断一个人是否机智时,不能就他的一个行为,就说他是机智的,而是要看他是否具有'假如……就会……'的惯常行为方式。"⑥ 王卫华强调了教育机智在不同情境下重复再现的难度,钟启泉则强调了教育机智在类似情境中重复再现的稳定性。

---

① 吴荣山. 课堂出彩与教师教学机智[J]. 上海教育科研,2005(2):181.
② 钟启泉,刘徽. 教学机智新论——兼谈课堂教学的转型[J]. 教育研究,2008(9):49.
③ 王卫华. 教学机智论[D]. 武汉:华中师范大学,2009:30.
④ 王华婷. 主体间实践视角下教学机智的生成逻辑研究[D]. 西安:陕西师范大学,2013:63.
⑤ 王卫华. 论教学机智的判别条件及分类[J]. 江西教育科研,2007(4):18.
⑥ 钟启泉,刘徽. 教学机智新论——兼谈课堂教学的转型[J]. 教育研究,2008(9):51.

2. 关于教育机智特征的研究

不同的研究者对教育机智特征的研究侧重点有所不同，有的研究者强调教育机智行为方面的特征，有的研究者强调教育机智思维方面的特征，还有的研究者将两者结合起来，既包括了教育机智的思维方面又包含了教育机智的行为层面。

20世纪80年代，研究者就提出了教育机智行为方面的三个基本特征，即事件的突发性、处理的迅速性、效果的良好性。[①] 黄娟娟（2001）在研究中重申了教育机智的这三个基本特征。[②] 董淑花（2005）在研究中具体阐释了这三个基本特征。第一，事件的突发性。教育机智一定是在对突发事件的处理过程中表现出来的，是教师在毫无思想准备的情况下所表现出来的应变能力；第二，处理的迅速性。教育机智一定是在对突发事件的处理速度上体现出来的。越能急中生智、果断决策和迅速处理，就越能表现出教师的教育机智能力。第三，效果的良好性。处理方法是否正确，效果是否良好，这是衡量教育机智的最终标准。[③] 张健（2006）总结了教学机智的六个特征，其中也包括了教育事件的突发性和复杂性、处理的果断性、效果的良好性。[④] 上述认识主要体现了教育机智行为发生过程中的三个环节——教育事件的发生、教育事件的处理，事件处理的效果——的典型特征，仅仅抓住了教育机智行为方面的外部表征，忽略了教育机智行为方面的根本特征以及教育机智思维方面的特征。

有研究者分析了教育机智行为方面的根本特征，特别是凸显了教育机

[①] 中国心理学会教育心理专业委员会教师心理教育机智课题组. 教师教育机智与技巧200例[M]. 成都：电子科技大学出版社，1990：3.
[②] 黄娟娟. 教师的教育机智[M]. 长春：东北师范大学出版社，2001：19.
[③] 董淑花. 新课程改革中教师教育机智及其培养[J]. 基础教育参考，2005（5）：45.
[④] 张健. 新课程背景下的课堂教学机智研究[D]. 桂林：广西师范大学，2006：4-5.

智作为一种实践性知识的特征，如教育机智的情境性、身体化、实践性、直觉性、缄默性、创造性等特征。在20世纪80年代，有文献指出教育机智具有目的性、敏捷性、灵巧性和创造性的特征。① 王枏（2002）指出，教育机智具有四个突出特点："第一，它是一种教育的行动方式；第二，它是在教育情境中发生的；第三，它是指向"他者"的实践；第四，它是教学的即席创作。"② 王永明和李森（2010）总结了教育机智六个方面的特征：身体化、情景性、缄默性、直觉性、非批判性、道德性，并且认为这六个特征是相互联系、相互渗透的。③ 张跃先（2015）认为，教育机智的特征包括实践性、灵活性、创造性、独特性、果断性五个方面的特征。④ 王花（2015）将教学机智的特征概括为：情境性、创造性、智慧性。⑤ 焦强磊（2017）总结了教学机智的三大特征：临场性、实践性、向他性。⑥

也有研究者侧重于分析教育机智思维方面的特征，比如，教育机智思维方面的敏感性、理解性、灵活性、果断性等。具体而言，肖远骑（1994）将教育机智的特征概括为：冷静理智的自制力；灵活机智的解惑力；随机联系的变通力；及时果断的调控力；细致入微的观察力。⑦ 陈德华（2003）认为，教育机智具有敏感性、理解性、适度性、决断性、非计划性、潜在作用性六个方面的特征。⑧ 王卫学（2004）认为，教育机智的

---

① 佚名. 教师教育机智的特点及培养［J］. 中小学教师培训，1989（4）.
② 王枏. 教育智慧教师：诗意的栖居［J］. 社会科学家，2002（2）：7.
③ 王永明，李森. 观察学习：教育机智获得的有效途径［J］. 教育机智，2010（12）：17.
④ 张跃先. 教育机智的内涵、特点及应用策略［J］. 长冶学院学报，2015（6）：104.
⑤ 王花. 初中语文课堂中教学机智典型案例释析［D］. 海口：海南师范大学，2015：7.
⑥ 焦强磊. 教学机智的层级特征研究——以新课改背景下的课堂教学为例［D］. 南京：南京师范大学，2017：17-19.
⑦ 肖远骑. 论课堂的教育机智［J］. 中国教育学刊，1994（1）：35-37.
⑧ 陈德华. 教育机智的特性及其转化"学困生"的使命［J］. 现代特殊教育，2003（11）：35.

灵机一动中迸发的智慧火花 >>>

心理结构包括观察的敏感性、思维的流畅性、变通性、独创性以及意志的果断性。① 刘莉（2004）认为，"教育机智实质上就是教师观察的敏锐性、思维的深刻性和灵活性、意志的果断性等在教育工作中有机结合的表现，是教师优良心理品质和高超教育技能的概括，也是教师迅速地了解学生和机敏地影响学生的教育艺术。"②

还有研究者在分析教育机智的特征时，融入了教育机智的思维与行为两方面的特征。具体而言，王卫华（2007）从本体论、认识论和方法论三个方面对教育机智的分析兼顾了教育机智认知与行为两方面的特征。第一，从本体论上说，教学机智是一种具体的实践行动，表现为某种具体的行动方式，而非一种固定不变的心理品质，具有情境性、独特性和个人性等特征。第二，从认识论上说，教学机智不是随心所欲的行动，而是建基于对教育本质的深刻洞察，具有一定的规范性。第三，"从方法论上说，教学机智是与教学情境产生共振的产物，具有震撼性、流畅性和创新性。"③ 刘徽（2007）认为，教学机智表现为理性之优与品性之优两个方面。"品性之优，即对己，表现为教师自成目的的教学生活，而对人，则表现为教师对学生的关心，一种教育学的意向。理性之优，则表现为在具体的课堂情境中，教师面对'惊异'作出契合情境的创造性行动。"④ 简言之，刘徽论述了教育机智的规范性、情境性、时机性、创造性等方面的特征。王卫华（2009）将教学机智的特征概括为：实践性、教育性、创造性、情境性、节省性。其中实践性、教育性和情境性凸显了教育机智行为

---

① 王卫学. 教学中教育机智的研究 [D]. 天津：天津师范大学, 2004：18.
② 刘莉. 教育机智——教育智慧的意蕴 [J]. 江苏教育, 2004 (1)：16.
③ 王卫华. 论教学机智的判别条件及分类 [J]. 江西教育科研, 2007 (4)：18 – 19.
④ 刘徽. 教学机智：成就智慧型课堂的即兴品质 [D]. 上海：华东师范大学, 2007：24.

方面的特征。创造性既指出了教学机智思维方面的顿悟，又表明了行动方面的全新应对。节省性阐明了教学机智的心理活动，是思维的一种跳跃，省去了缜密的逻辑推理。①

3. 教育机智的类型

在已有的文献中，研究者根据不同的标准划分了不同类型的教育机智。教育机智分类的依据主要有教育机智应对的教育事件或发生情境，以及教育机智行为的表现倾向。

根据教育机智应对的教育事件的不同，张文英（2000）将教育机智分为三种类型：教师处理课堂偶发事件的机智、教师处理自身失误的机智和教师处理恶作剧的机智。② 刘野（2008）根据机智发生的教育情境将教育机智分为四种类型，除了处理课堂偶发事件的机智、处理自身失误的机智、处理恶作剧的机智，还提出了处理教学疑难的机智。这种分类兼顾了教师与学生，教育与教学，概括比较全面。③ 王花（2015）对教育机智的分类突出了课堂偶发事件的具体类型，她根据教学机智运用的情境，将教学机智分为四种：处理教学失误的机智、处理学生失当行为的机智、处理教学环境突变的机智，以及处理学生意外问答的机智。贾婧超（2018）对教学机智类型的划分同王花的分类一致，也包括四种类型，即处理教师自身失误的机智、处理学生意外问答的机智、处理学生行为失当的机智和处理教学环境失常的机智。④ 黄娟娟（2001）根据教育机智发生的情境进行了不同的分类，她将教育机智分为思想品德中的教育机智、课堂教学中的

---

① 王卫华. 教学机智论 [D]. 武汉：华中师范大学，2009：30-33.
② 张文英. 浅谈体育课堂教育机智 [J]. 哈尔滨体育学院学报，2000（3）：65.
③ 刘野. 教育机智的内涵及其运用策略 [J]. 教育科学，2008（2）：6.
④ 贾婧超. 中学语文教学机智研究 [D]. 锦州：渤海大学，2018：16-17.

教育机智、处理师生关系中的教育机智。①

根据教育机智行为的表现倾向,孙启民(2004)区分了教育机智的真伪,他指出,"如果说过去我们课堂教学中的教学机智较多地表现为对与预设一致的努力追求,那么,用新课程理念来认识,我认为以前的所谓教学机智,其实是一种伪教学机智。真正的教学机智主要应该表现为对'生成'的诱发。"② 王卫华(2007)针对传统被动的教学机智,提出了主动教学机智的类型。传统的被动教学机智更多地表现为对破坏课堂教学秩序的突发、意外事件的一种被动应对,旨在恢复课堂教学常态。"主动的教学机智是指教师在没有碰到什么意外问题或遭遇尴尬处境的情况下,因为一定情境的触发,突然之间对一个习以为常的问题有了新的认识,产生顿悟,并立即采取了相应行动。③ 涂艳国(2008)指出,"教师引发被动机智的情境是一种陌生的情境,引发主动机智的情境却是熟悉的。"④ 无独有偶,陈朝新(2014)根据课堂冲突的类型,也将教学机智分为被动教学机智和主动教学机智。被动教学机智是教师在面临课堂紧急、意外事件时,被迫做出的恢复教学常态的"应急"和"救场"行为。主动教学机智是教师主动引发的与某一教学情境相契合的创造性教学行为。⑤ 与上述划分类型相类似,安亚芬(2018)根据教学机智的来源将其分为应对型教学机智与生发型教学机智。⑥

此外,教育机智还有其他的分类标准。具体而言,焦强磊(2017)基

---

① 黄娟娟. 教师的教育机智 [M]. 长春:东北师范大学出版社,2001:60.
② 孙启民. 远离伪教学机智 [J]. 素质教育大参考,2004(8):52.
③ 王卫华. 论教学机智的判别条件及分类 [J]. 江西教育科研,2007(4):20.
④ 涂艳国,王卫华. 论教师的教学惯习对教学机智的影响 [J]. 教育研究,2008(9):54.
⑤ 陈朝新. 应对课堂冲突的教学机智培养策略探讨 [J]. 当代教育科学,2014(6):32.
⑥ 安亚芬. 教师教学机智生成的研究 [D]. 临汾:山西师范大学,2018:9-12.

于教育机智的不同特征,对教育机智的等级水平进行了分类:初级水平的教学机智:被动性、利己性、刻意性;中等水平的教学机智:积极性、生成性、生本性;高级水平的教学机智:敏锐性、艺术性、完满性。① 甘火花和潘静薇(2009)通过对新手教师的质性研究,认为教师身上存在着独创性教学机智和再创型教学机智,后者建立在对前者的模仿再创造基础之上。② 安亚芬(2018)根据产生教学机智原因的复杂程度,将其分为单一型教学机智和复合型教学机智。③

4. 教育机智的运用策略与培养途径

(1) 教育机智的运用策略

研究者结合具体案例提出了教育机智的运用策略,具有一定的针对性,对中小学一线教师的教育教学实践具有一定的实用性,但难以进行归类。具体而言,关浩峰(1996)结合具体的教育教学案例提出的教育机智的运用策略包括:因势利导、适时教育、随机应变、恰当教育和对症下药。④ 黄娟娟(2001)结合具体案例总结的教育机智的生成策略包括:因势利导、顺水推舟;随机应变、就地取材;幽默风趣、掌握分寸。⑤ 宋德如和李宗胜(2001)针对教育突发事件的不同类型提出了不同的运用策略,主要表现如下:①灵活机动:处理偶发事件的机智;②因势利导:处理自身失误的机智;③对症下药:处理课堂闹剧的机智;④实事求是:处

---

① 焦强磊. 教学机智的层级特征研究——以新课改背景下的课堂教学为例 [D]. 南京:南京师范大学, 2017: 41 – 45.
② 甘火花, 潘静薇. 新教师课堂教学机智探析 [J]. 教学研究, 2009 (2): 81.
③ 安亚芬. 教师教学机智生成的研究 [D]. 临汾: 山西师范大学, 2018: 9 – 12.
④ 关浩峰. 中学教师的教育机智一瞥 [J]. 中小学教师培训, 1996 (4): 34.
⑤ 黄娟娟. 教师的教育机智 [M]. 长春: 东北师范大学出版社, 2001: 14 – 16.

理学生发难的机智。[1] 苏勇（2007）将课堂偶发事件的类型分为：外部干扰型、教师失误型、学习困惑型、"课堂异动"型（包括分心型、风头型、恶作剧型、纠纷型4种），根据教育突发事件的类型提出了10种不同的机智运用策略：以变应变法、借题发挥、将"错"就"措"法、实话实说法、因势利导法、暂时悬挂（冷处理）法、爱心感化法、巧给台阶法、巧妙暗示法、个别提醒法、重点提问法、幽默调侃法以及停顿休整法。[2] 童阜兰（2009）也根据不同类型的课堂偶发事件提出了相应的机智策略，具体包括：借题发挥、因势利导、暗示提醒、幽默调侃、自嘲解围和将错就错。[3] 李敏（2015）针对不同的教育情境而提出的教育机智的运用策略包括：将错就错——化失误为资源；随机应变——变不利为有利；顺水推舟——将意外化为精彩；含蓄幽默——让尴尬变风趣。[4] 贾婧超（2018）针对教学意外的不同类型提出了不同的应用策略，具体包括：①应对教学内容"意外"的教学机智：反客为主、因势利导、概念嫁接和问题暂挂。②应对学生行为"意外"的教学机智：以褒代贬、即兴幽默、说教结合和以假为"范"。③应对教学环境"意外"的教学机智：巧借资源、提问转移和化零为整。[5]

（2）教育机智的培养途径

教育机智培养途径的研究主要涉及思维方式、理智与情感、经验与反思等维度。具体表现如下：

---

[1] 宋德如，李宗胜. 直面课堂尴尬——教育机智的表现及其培养 [J]. 教育探索，2001（12）：35-36.
[2] 苏勇. 课堂偶发事件的类型及处理办法 [J]. 基础教育课程，2007（1）：22-24.
[3] 童阜兰. 课堂教学偶发事件的处理策略 [J]. 教育理论与实践，2009（1）：41-42.
[4] 李敏. 教育机智让课堂意外生成精彩 [J]. 中小学音乐教育，2015（4）：22-23.
[5] 贾婧超. 中学语文教学机智研究 [D]. 锦州：渤海大学，2018：24-31.

教育机智培养的思维方式维度：霍金宁（2009）指出了教育机智的培养所涉及的思维方式的转化，"教育机智的生成要求教师将早已预设和现存的观念、看法、成见与结论统统加以搁置、悬置或加以封存与抛弃，以第一身份来直面真实的生活情境和感受鲜活的生活体验，从而形成一种'对教育的具体情况的敏感性和果断性'。"[1]

教育机智培养的理智与情感维度：汪刘生（1993）认为，教学机智的培养包括以下几方面：进行丰富的经验积累和深刻的理论准备；具有敏锐的观察力；教学心理处于高度的应急状态；要善于因势利导；要有自制力；要热爱学生。[2] 黄娟娟（2001）概括了教育机智培养的智力与非智力因素，具体包括：①知识经验的因素：包括教育的本体性知识、条件性知识和实践性知识。②智力因素：敏锐细致的观察能力；准确迅速的记忆能力；流畅、灵活和独创的思维能力。③非智力因素：热爱学生的情感；稳定、积极的情绪；良好的意志品质（果断性）[3] 陈德华（2003）提出了教育机智培养的理智与情感方面：善于"克制"而不失敏感；理解学生而感同身受；把握时机而因势利导；潜移默化而润物无声；适应情境而充满自信；临场不乱而从容应对。[4] 李月梅（2009）重点强调了教育机智产生的情感因素，主要包括三个方面：真诚是教学机智的前提；宽容是教学机智的基础；关爱是教育机智的源泉。[5]

教育机智培养的经验与反思维度：王卫学（2004）提出了教育机智培

---

[1] 霍金宁. 教师教育机智的生成 [J]. 现代教育论坛, 2009（4）：63.
[2] 汪刘生. 论教学机智 [J]. 安徽师大学报, 1993（3）：245-247.
[3] 黄娟娟. 教师的教育机智 [M]. 长春：东北师范大学出版社, 2001：60.
[4] 陈德华. 教育机智及其在"学困生"教育中的表现方式 [J]. 现代特殊教育, 2003（3）：20-22.
[5] 李月梅. 试析教育机智产生的情感要素 [J]. 数学学习与研究, 2009（14）：128.

养的四个方面：具有丰富的教育科学知识；形成良好的教师品格；重视对教学经验的积累；形成良好的思维方式；具有正确巧妙的教育教学方法。①董淑花（2005）认为，教育机智的培养需要从以下几个方面着手：提高自己的理论素养；热爱学生；模拟练习意外事件的处理；提高自控力和决断力；加强反思。② 王萍（2012）提出的教师教育机智的养成途径包括：融入教育生活；积累教育理论；反思教育实践。③ 徐晋华（2013）认为影响教学机智的因素主要有：教学天职感、胜任感和对学生的热爱；教师营造的教学情境的开放程度；教师的反思习惯；教师的个性（如幽默、灵活）；教学经验的积累。④ 陈朝新（2014）认为，教师要产生教学机智需要具备以下条件：培育解决课堂冲突的敏感性；做具有创生意识的课程实施者；采用对话式的教学方式；在教学行动中反思。⑤ 焦强磊（2017）提出了不同等级的教学机智水平的进阶策略，具体如下：①初级水平进阶中级水平的教学机智策略：丰富临场经验；增强课堂"在场"感；关注学生的反应。②中级水平进阶高级水平的教学机智策略：提高自己的教学敏锐力；提升意外事件转化教学目标的能力；深化反思能力。⑥

5. 国内研究现状评论

纵观国内 30 余年来对教育机智的学术研究，我们可以发现，教育机智的研究经历了从案例的整理与评论、案例的简单分析，再到案例深入剖析的历程。教育机智研究所使用的方法主要是案例式反思或者质性研究方

---

① 王卫学. 教学中教育机智的研究 [D]. 天津：天津师范大学，2004：Piii.
② 董淑花. 新课程改革中教师教育机智及其培养 [J]. 基础教育参考，2005（5）：45-46.
③ 王萍. 教育现象学视域中的教育机智 [J]. 教育科学研究，2012（2）：74-75.
④ 徐晋华. 教学机智研究述评与展望 [J]. 福建教育学院学报，2013（3）：66-67.
⑤ 陈朝新. 应对课堂冲突的教学机智培养策略探讨 [J]. 当代教育科学，2014（6）：33.
⑥ 焦强磊. 教学机智的层级特征研究——以新课改背景下的课堂教学为例 [D]. 南京：南京师范大学文，2017：1.

法。虽然国内学者对教育机智的认识不断深入,但是基于教育机智经验的分析与讨论并没有形成完全的共识,不过我们可以发现,关于教育机智的研究主要聚焦于教育机智的内涵,教育机智的外在表现、根本特征,教育机智的类型、生成及运用策略等方面。教育机智的研究者既有专家学者,也有中小学一线的教育教学实践者,还有攻读学位的硕士生或博士生,虽然取得了不少研究成果,但也凸显出教育机智研究的瓶颈,即难以找到一种用于分析教育机智的适恰的理论,也很难形成关于教育机智的理论,"教学机智的理论研究比较单薄,还没有形成有影响力的稳定的理论体系。"[①] 此外,不同学科教学领域内的教育机智研究的学科特色尚未得到充分体现,对教育机智的研究还不够系统。

关于教育机智的研究还存在一个难题,即究竟是先设定教学机智的定义或标准,才对教育行为的机智与否做出判断,还是从教育机智行为中归纳出教育机智的标准。毋庸置疑,所谓的教育机智案例都出于写作者,在撰写教育机智轶事之前,写作者至少在潜意识里或者明确地知道了什么是教育机智,否则是不可能写出教育机智的案例来的。因此,教育轶事的撰写是建立在写作者对教育机智已有成见的基础之上的。究竟是关于教育机智的认识或理论塑造了教育机智轶事还是教育机智轶事决定了我们对教育机智的认识,或者存在着相互影响,这是一个值得思考的问题,因为它直接影响到研究者对教育机智的本质认识。如果说,关于教育机智的认识塑造了教育机智轶事,而教育机智轶事反过来又强化了已有的教育机智认识,那么要探究教育机智的真伪或者标准似乎就陷入了一种循环。在这种困境中,研究者可能会陷入自我证实预言的怪圈,这也是研究者对教育机

---

① 徐晋华. 教学机智研究述评与展望 [J]. 福建教育学院学报, 2013 (3): 64.

智内涵存在争议的根本原因。因此，对于什么是真正的教育机智，什么是伪教学机智，其标准在哪里，作为研究者也是可以允许有自己的标准的，可能这个标准与写作者不一致。对教育机智本质的认识如何达成共识依然是教育机智探究继续关注的根本问题。因此，未来对教育机智的深入研究，一方面还需要借鉴更多的机智案例，另一方面还需要对已有的研究进行批判性反思。

此外，对教育机智生成的内在路径的阐释还缺乏理论基础和经验论证，只有少数研究者提出了教育机智生成的内在路径。如汪刘生（1993）提出，"教学机智不是凭空产生的，并不神秘。从表面上看，它似乎是教师的'灵机一动'，实际上具有一定的潜逻辑性。所谓'潜逻辑性'，即不可明显意识到的逻辑。教学机智是教师教学时大脑思维活动的某种特定功能，是大脑神经网络机构的某种特殊运动。教师在长期的教学实践中，大脑输入并储存了大量的教育、教学信息，随着教学实践的深入，这种信息不断得到强化。当教师在教学过程中，或碰到偶发事件，或遇到学生提出意外问题，或教学平衡突然破坏等情况时，大脑主动对贮存的教育、教学信息进行紧张的加工、组合，相关的神经通路立即接通，在大脑皮层中主动建立了新的神经联系，也即产生了教学机智。"[①] 王九红（2015）基于教学案例分析，从学科教学知识的视角论证了教学机智的生成逻辑，"教师静态的学科教学知识（PCK）转化为动态的学科教学能力（PCA），两者在情感和信念系统的调控下经由顿悟而生成教学机智。"[②] 教育机智涉及思维与行为两方面，是知与行的统一，因此，教育机智的生成问题无

---

① 汪刘生. 论教学机智 [J]. 安徽师范大学报, 1993 (3): 243-244.
② 王九红. 教学机智从哪儿来？——基于学科教学知识视角的案例分析 [J]. 江苏教育研究, 2015 (1)

疑涉及复杂的知行关系，未来的研究需要说明教育机智所蕴含的思维与行为两方面关系的内在逻辑。

（二）国外关于教育机智的研究

1. 关于机智概念的界定

"机智"一词可以追溯到亚里士多德的《尼各马可伦理学》。在该著作中，亚里士多德把"那些玩笑开得有分寸的人"称为"机智的"，他说"在交往中似乎存在着分寸，应该说什么，不应该说什么，应该以什么方式说，不应该以什么方式说，怎样听也是这样。"① 亚里士多德认为，机智表现为人际交往中的言行得体、有分寸，恰到好处。在亚里士多德看来，机智属于德性的范畴，必然从属于他的伦理学所倡导的中庸思想。机智的希腊语意指"在交谈中有品位地转换话题和谈话方式的灵活与机智。"②

Haavio（1948）认为，术语"tact（机智）"来自拉丁语单词"tactus"，"tactus"的意思是身体和精神上的接触。他将教学机智界定为在每一种教育教学情境中迅速而自信地找到适恰课程的能力。③ Fišer（1987）在理解教育机智时，首先从词源上对"机智（tact）"一词进行了解释。他认为，"机智（tact）"一词源于拉丁语动词"触摸（tangere）"，所以"触觉（tactus）"与"接触（touch）"意思相同。基于此，他认为，"机智（tact）"一词的隐喻意义是指通过语言、眼神和手势"触摸"一个人，尤其是青少年的能力。它的引申意义是加强、鼓励、告诫青少年，对他们表

---

① 亚里士多德. 尼各马可伦理学 [M] //亚里士多德全集：第八卷. 北京：中国人民大学出版社，2009：90.
② 亚里士多德. 尼各马可伦理学 [M]. 廖申白，译. 北京：商务印书馆，2003：123.
③ 转引自 Määttä, K., & Uusiautti, S. Pedagogical Authority and Pedagogical Love – Connected or Incompatible? [J]. International Journal of Whole Schooling, 2012, 8 (1): 30 – 31.

示关心和信任，提出要求，表示同意或不同意，做出判断，甚至是严厉的批评，但总是表现出乐于助人的态度。一般而言，教学机智应该被理解为接近年轻人的能力，迅速了解他的能力，判断他的教育需求的能力，以及作为一项规则，迅速找到成功解决教育问题的必要手段的能力，反映出对学生潜在个性的尊重。[1] 范梅南在理解"机智"一词时，同样是从追溯词源开始的。他说，"tact"一词从词源学上看来自拉丁词"tactus"，意为触摸、产生效果。而"tactus"又来自"tangere"，意为触动之意。[2] 范梅南认为，"教育智能与机智指的是那种能使教师在不断变化的教育情境中随机应变的细心的技能。[3] English（2013）认为，教学机智这一复杂的概念涉及教师对学习者的召唤做出回应的一种存在体验，这种体验必然包含着冒险与即兴创作。[4]

2. 教育思想家关于教育机智的论断

早在20世纪90年代，钟启泉（1991）就对国外教育思想家关于教育机智的观点进行了梳理和总结：（1）裴斯泰洛齐：教育机智是叩动学生心弦的共鸣力与感化力。（2）马卡连柯：教育机智是教师同学生交往并影响学生的职业性专门力量——表现力和说服力。（3）斋藤喜博：教师在教学过程中表现出的即时的应变力和组织力。（4）赫尔巴特、第斯多惠：教育

---

[1] Fišer, J. The Quality of The Teacher – Pupil Relationship — An Essay on Pedagogical Tact [J]. International Review of Education, 1972, 18 (1): 468.
[2] 范梅南. 教学机智：教育智慧的意蕴 [M]. 李树英，译. 北京：教育科学出版社，2001：167.
[3] 范梅南. 教学机智：教育智慧的意蕴 [M]. 李树英，译. 北京：教育科学出版社，2001：246.
[4] English, A. Pedagogical Tact: Learning to Teach "In – Between" //English, A. Discontinuity in Learning: Dewey, Herbart and Education as Transformation. Cambridge: Cambridge University Press, 2013: 126 – 146.

机智是人格陶冶的指导原理。① William James（1899）认为，教学是一门艺术，直觉是教学艺术中最重要的东西，教师仅仅具备心理学知识是不够的，还必须具有教学的机智。② Muth Jacob 认为，教育机智表现在言语的交流中，自然的行动中，避免对学生的伤害中，以及对教学关系保持必要的距离中。在个体的教学情境中，机智表现为情境的自信、表演的技巧以及即兴创作的天赋。③ 俄国教育心理学家乌申斯基也曾论述过教育机智，他认为，教育机智本质上就是心理学机智，"教育机智只不过是心理学机智的特殊应用，不过是它在教育学概念领域内的特殊发展。"④ 他还认为，心理机智要比心理学理论能更快地指导实践，心理机智不是先天的，而是后天随着心灵的自我认识的不断增强而渐渐发展起来的，因此，"研究心理学和阅读心理学著作能指导人去思考他自己的精神过程，并能对人的心理机智的发展有很大的帮助作用。"⑤ 前苏联著名教育思想家苏霍姆林斯基提到，"教育的技巧并不在于能预见到教学的所有细节，而在于根据当时的具体情况，巧妙地、在学生不知不觉中做出相应的变动。"⑥ 前苏联著名教育家和心理学家赞可夫也论及教育机智。首先，他在论述教师劳动的创造性时提到马卡连柯的教育机智思想，"教育技巧的必要特征之一就

---

① 钟启泉. 教育机智：教学艺术的核心要素［J］. 语文学习，1991（10）：18-19.
② 转引自 Jusso, H., & Laine, T. Tact and Atmosphere in the Pedagogic Relationship［J］. Analytic Teaching and Philosophical Praxis，2006，25（1）：7.
③ 转引自 Jusso, H., & Laine, T. Tact and Atmosphere in the Pedagogic Relationship［J］. Analytic Teaching and Philosophical Praxis，2006，25（1）：7.
④ 乌申斯基. 人是教育的对象（上卷）［M］. 郑文樾，译. 北京：人民教育出版社，2004：35.
⑤ 乌申斯基. 人是教育的对象（上卷）［M］. 郑文樾，译. 北京：人民教育出版社，2004：36.
⑥ 苏霍姆林斯基. 给教师的建议（修订版）［M］. 杜殿坤，编译. 北京：教育科学出版社，1984：222.

是要有随机应变的能力。有了这种品质，教师才可能避免刻板的公式，才能估量此时此地的情况的特点，从而找到适当的手段并且正确地加以运用。"① 其次，他揭示了课堂教学的变化与生成本质，指出应对课堂变化的两种可能性：第一，教师对此不仅没有觉察，而且甚至进行压制，从而对教育教学产生不良影响，第二，"教师不仅能发觉出现了事先没有预见的情况，而且还能利用它们去达到教学和教育的目的。"② 赞可夫还指出了教育机智的习得途径，"如果可以这么比喻的话，像对课堂上的'天气变化'的敏感性，洞察学生的精神世界，采取适合具体情况的教育方法和方式这样一些技巧，却主要是靠教师亲身的实践经验来取得的。"③ 赞可夫认为，教师通过对自己亲身经验的反思以及听取同行的评析才能获得不断的成长。④

3. 范梅南关于教育机智的研究

国内关于教育机智研究的热情和兴趣除了学术发展的需求以及新课程改革的背景外，一个重要的外在影响因素就是，范梅南的现象学教育学系列著作先后被译成中文而掀起的现象学教育学热。其中，范梅南关于教育机智的著作《教学机智——教育智慧的意蕴》（2001）不仅对国外教育教学机智的研究现状进行了梳理，而且更重要的是对教学机智进行了系统的研究，成为国内外教学机智的研究者经常援引的文献之一。徐晋华（2013）认为，这部著作是国外独有的关于教学机智的专项研究。⑤

范梅南认为，在英语国家中，机智概念一直未能引起教育思想家的重

---

① 赞可夫. 和教师的谈话 [M]. 杜殿坤, 译. 北京：教育科学出版社, 1980：234.
② 赞可夫. 和教师的谈话 [M]. 杜殿坤, 译. 北京：教育科学出版社, 1980：234.
③ 赞可夫. 和教师的谈话 [M]. 杜殿坤, 译. 北京：教育科学出版社, 1980：235.
④ 赞可夫. 和教师的谈话 [M]. 杜殿坤, 译. 北京：教育科学出版社, 1980：235.
⑤ 徐晋华. 教学机智研究述评与展望 [J]. 福建教育学院学报, 2013（3）：64.

视和系统研究,最早将机智概念引入教育当中的是德国教育思想家赫尔巴特,其主要观点是:"机智介乎理论和实践之间;机智在'作瞬间的判断和迅速的决定'的过程中自然地展现出来;机智作为一种行动方式,依赖于人的情感和敏感性;机智对情境的独特性非常敏感;机智是实践的直接统治者。"① 范梅南在 20 世纪 80 年代早期开始使用"教育机智"概念来形容教育教学情境中的临场的技能。他认为,"机智既不是某种知识,也不是某种调和理性和实践之间关系的技能。而提供第三种选择就是要让机智拥有自己的认识论结构,它首先声明自己是某种行为:一种积极的人类交往活动所具有的意向性觉知。"②

范梅南区分了真正的教育机智和虚假的教育机智。他认为,"施加带有虚伪的和自私的影响的机智是虚假的机智。虚假的机智不是受爱护他人和为他人着想的动机驱使的。相反,虚假的机智是为了自我。"③ 此外,"机智没有欺骗或利用他人达到自己目的的动机。"④ 在范梅南看来,真正的教育机智与虚假的教育机智是对立的。真正的教育机智是真正地为孩子着想,是为了促进了孩子的发展,没有欺骗、操纵或利用。范梅南阐明了教育机智的性质:他者性、情感性、不可预设性、能动性(体知)。⑤ 范梅南描述了教育机智的六种表现方式:机智表现为克制;机智表现为对孩

---

① 范梅南. 教学机智:教育智慧的意蕴 [M]. 李树英,译. 北京:教育科学出版社,2001:169-170.
② 范梅南. 教育敏感性和教师行动中的实践性知识 [J]. 北京大学教育评论,2008 (1):14.
③ 范梅南. 教学机智:教育智慧的意蕴 [M]. 李树英,译. 北京:教育科学出版社,2001:179.
④ 范梅南. 教学机智:教育智慧的意蕴 [M]. 李树英,译. 北京:教育科学出版社,2001:181.
⑤ 范梅南. 教学机智:教育智慧的意蕴 [M]. 李树英,译. 北京:教育科学出版社,2001:181-194.

子的体验的理解；机智表现为尊重孩子的主体性；机智表现为"润物细无声"；机智表现为对情境的自信；机智表现为临场的天赋。① 范梅南还论述了教育机智的作用：机智保留孩子的成长空间；机智保护孩子的脆弱性；机智防止伤害；机智将破碎的东西变成整体；机智使好的品质得到巩固和加强；机智加强孩子的独特之处；机智促进孩子的学习和个性成长。② 范梅南还论述了教育机智达到目的的实现方式：机智通过语言来调和；机智通过沉默来调和；机智通过眼睛加以调和；机智通过动作加以调和；机智通过气氛加以调和；机智由榜样加以调和。③

4. 国外研究评论

相比较而言，国外对教育机智进行了比较深入系统的研究，从而为我们的进一步研究提供了启发和思路，特别是范梅南的著作在国内教育学术界产生了深远的影响。范梅南对教育机智研究的一个方法论特色是现象学教育学取向，他研究的视角是学生或孩子的生活体验。学生或孩子似乎是教育场域中的弱势群体——他们既不拥有学术研究领域的话语权，也不占据教育实践当中的优势地位。范梅南的研究旨在为学生赋权，使学生得以发声，使学生的学习生活体验得以彰显。范梅南的研究留给了我们一些值得进一步探讨的课题。比如，教育机智的评判标准问题，教育机智与实践性知识的关系问题，教育机智与行动中反映、行动中识知、缄默知识等的关系问题，教育机智的生成机制问题等等。因此，通过进一步收集教育机

---

① 范梅南. 教学机智：教育智慧的意蕴 [M]. 李树英，译. 北京：教育科学出版社，2001：196-209.
② 范梅南. 教学机智：教育智慧的意蕴 [M]. 李树英，译. 北京：教育科学出版社，2001：211-223.
③ 范梅南. 教学机智：教育智慧的意蕴 [M]. 李树英，译. 北京：教育科学出版社，2001：226-243.

智的本土案例,与范梅南的研究成果进行对话或对其进行批判性反思显得尤为重要。通过本土案例的研究,除了重新强化或肯定前人的研究成果外,另一个重要的方面就是获得研究的深化,特别是借鉴一些理论的视角对教育机智轶事进行分析,揭示教育机智生成的机制或路径,从而为教育机智的习得奠定基础。

五、研究的理论基础

从原初意义上而言,机智是通过适恰的言行来避免或缓和人际关系中出现的尴尬、丢脸等不适体验,以维护人际间的良性互动。基于此,我们将教育机智的研究置于人际互动与情感体验的理论以及实践认识论的背景中。接下来,我们将介绍与本研究紧密相关的理论:黄国光、胡先缙等人揭示的中国人际关系中的面子文化理论,法国哲学家让-保罗·萨特（Jean-Paul Sartre）论述的注视与情感理论,以及唐纳德·舍恩（Donald A. Schön）的反映性实践理论。

（一）人情关系与面子文化

不言而喻,我们所探讨的教育场域中的机智问题是处于中国教育情境下、发生在师生互动关系之中的。毋庸置疑,中国教育背景下师生之间的人际互动必定会受到中国本土文化的影响。因此,将教育机智的研究置于中国文化传统的背景中具有重要的意义和价值。研究本土社会学的学者黄国光、胡先缙等人都将"人情"、"面子"和"权力"作为研究中国社会人际关系的重要的本土概念,认为它们反映了更深层的中国文化传统。因此,从人情关系与面子文化的角度来思考教育机智可能会获得一些新的洞见。

我们认为学校是社会的缩影,换言之,师生关系和课堂秩序是社会人际关系和社会秩序的一面镜子。黄国光在文章《人情与面子：中国人的权力游戏》中提出了中国社会存在的三种人际关系：情感关系、混合关系和工具性关系。三种人际关系的区别在于每种关系中的工具性成分和情感性成分构成比例不同。① 情感关系，显而易见情感成分占主要部分，主要体现为建立在血缘关系基础上的家庭关系、亲戚关系。工具性关系，显而易见是工具性成分占主要部分，主要体现在与生活和家庭之外的其他人的人际交往之中，人际关系的维护只是达到某种目的的工具或手段。而介于两者之间的人际关系则是混合性关系，这种关系中所包含的情感性成分没有情感性关系绵延持久，也没有工具性关系那么功利，因此会产生人情困境。该文章提到，"在中国社会中，混合性关系是个人最可能以人情和面子来影响他人的人际关系范畴。"② 他认为，师生关系则属于混合性关系的范畴。因此，人情与面子是促进师生良性互动，维护融洽的师生关系的重要因素。因此，这就可以解释为什么在教育机智发生的情境中，教师或学生会感到尴尬、丢面子，并且会感到师生关系的紧张和冲突。有时，学生心智的不成熟往往会触犯教师的师道尊严，让教师颜面尽失，或者故意挑战教师权威，使得教师感到丢面子，从而引起教师的不良情绪和情感的反应。所谓机智就是要在人际交往或互动当中巧妙地给人留面子，避免尴尬，而不是故意让人丢面子。胡先缙在《中国人的面子观》中提到，"学生可能因为教师犯错而出他的丑。"③ 还有"有些大学生往往会问第一次

---

① 黄国光，胡先缙等．人情与面子：中国人的权力游戏［M］．北京：中国人民大学出版社，2010：7．
② 黄国光，胡先缙等．人情与面子：中国人的权力游戏［M］．北京：中国人民大学出版社，2010：11．
③ 黄国光，胡先缙等．人情与面子：中国人的权力游戏［M］．北京：中国人民大学出版社，2010：48．

上课的讲师一些艰深的问题，如果他无法回答，而显示出他的无能，他的脸便丢光了。"① 显而易见，在混合性人际关系中，冒犯他人都不是机智的表现，而是人际冲突的来源。机智的教师和学生能够巧妙地化解彼此的尴尬，维护彼此的面子，避免冒犯他人，缓和或消除师生关系的紧张和冲突。概言之，教育机智使得师生互动更合拍、相处更融洽，教育影响更深远。

教师职业是一种尤其注重以身示范的职业，换言之，教师职业是一种特别注重形象整饰的职业，无论是外在的衣装打扮，还是内在的学识与德行修养，教师必须做到得体或体面才行。但是从教育实践的角度看，教师在专业工作中难免会犯一些错误，表现也可能会有失体面。学生因行为不当或学业表现不佳，也可能会出现丢脸的情形。教师需要不失时机采取措施挽救自身或学生的颜面，以维护融洽的师生关系或者课堂氛围。教师教育机智的缺乏很有可能导致课堂气氛的沉闷、压抑乃至师生关系的恶化，加剧教师或学生的尴尬、丢脸、羞耻等情感体验。

（二）人际关系与情感

法国哲学家萨特被誉为存在主义哲学大师，其代表作《存在与虚无》论述了存在的不同样态，提出了三个重要的存在主义范畴，即自在的存在、自为的存在和为他的存在，并揭示了这些范畴之间的关系。自在的存在在他看来，就是指惰性的物质世界；自为的存在即人的存在，指意识的自我超越性；为他的存在则是指人际关系中的自我存在样态。在论述为他的存在时，他以哲学的语言阐释了人际关系中的情感存在方式。他以偷窥时产生的羞耻感为例，详细描述了这一状态："我正弯腰伏在锁眼上；突

---

① 黄国光，胡先缙等. 人情与面子：中国人的权力游戏 [M]. 北京：中国人民大学出版社，2010：49.

然我听到脚步声。我全身通过一种羞耻的颤栗：什么人看见我了。我直起身来，我朝空寂的走廊扫视：原来是一场虚惊。我松了一口气。"① 他人的注视成为我产生羞耻感的前提，正如萨特所言，"他人是我和我本身之间不可缺少的中介：我对我自己感到羞耻，因为我向他人显现。而且，通过他人的显现本身，我才能像对一个对象做判断那样对我本身作判断，因为我正是作为对象对他人显现的。"② 我们不妨称其为"注视与情感"理论。这里的"注视"并不仅仅是指肉眼的注视，也不一定是真的有人在注视，而是只要感觉到有人在注视就可能出现羞耻感。换言之，我们之所以产生羞耻感，是因为我们始终存在着被他人注视的可能性。萨特指出，"指向我的一切注视都在我们的知觉领域中与一个可感形式的显现的联系中表露出来，但是和人们可能相信的相反，它与任何被规定的形式无关。无疑最经常表露一种注视的东西，就是两个眼球会聚到我身上。但是它也完全可以因树枝的沙沙声，寂静中的脚步声，百叶窗的微缝，窗帘的轻微晃动而表现出来。"③ 因此，我们将"注视"理解为人际间的注视、审视、评价等。在人际关系中，每个人都面临着他人的审视与评价，并在这种审视与评价中获得自己的功名。正因为此，每个人都比较在意自我在他人眼中的形象。萨特以哲学的术语诠释了一个社会学问题，即人际互动中自我存在方式的问题。在人际互动中，自我成为他人价值评判的对象，而情感成为自我把握为他的存在的方式。当自己偷窥别人而感觉被他人发现时，

---

① 萨特. 存在与虚无（第4版）[M]. 陈宣良等，译. 北京：生活·读书·新知三联书店，2012：347.
② 萨特. 存在与虚无（第4版）[M]. 陈宣良等，译. 北京：生活·读书·新知三联书店，2012：283.
③ 萨特. 存在与虚无（第4版）[M]. 陈宣良等，译. 北京：生活·读书·新知三联书店，2012：324.

羞耻感便油然而生，这里的"情感"是一种意识样态，具有意识的意向性结构，如萨特所揭示的，"羞耻是在他人面前对自我的羞耻"①。

虽然萨特得出人际关系的结论说，"意识间关系的本质不是'共在'，而是冲突。"② 但萨特在论证过程中也指出，第三者的出现可以改变我与你之间的对立斗争关系，"我-你"变成了"我们"（主格或宾格）。萨特指出，"第三者突然出现并且以他的注视使我们相互结合。"③ 萨特以摇船苦役犯为例说明了，他们会因为一位美丽女子的到访而体验到一种为他的"对象-我们"的存在方式，表现出一种共同的情感体验（羞耻、愤怒或兴奋等）。

在教育场域中，特别是课堂教学中，师生关系的存在方式表现为一种集体存在，一种众目睽睽之下的存在。师生之间的注视、审视与评价成为师生之间互动的重要方式。正是在教师的审视与评价之中，学生获得了自尊、自信，但也可能是自卑。正是在学生的评价中，教师赢得了师道尊严。在师生之间的互动当中，师生双方也难免因注视的存在而感到尴尬、羞耻、丢脸或颜面尽失。当然，师生关系中的矛盾与冲突往往也会因为第三者的介入而得到缓解。例如，学生会因为课堂中听评课教师的出现而减少影响课堂教学的捣乱行为。听评课教师的出现使得教师和学生从对立变成了一同被评价的对象，从而使师生联合起来。教师在课堂教学中表现得更卖力，而学生也会收敛起来，积极配合教师的教学行为，似乎是在他人

---

① 萨特. 存在与虚无（第4版）[M]. 陈宣良等，译. 北京：生活·读书·新知三联书店，2012：284.
② 萨特. 存在与虚无（第4版）[M]. 陈宣良等，译. 北京：生活·读书·新知三联书店，2012：524.
③ 萨特. 存在与虚无（第4版）[M]. 陈宣良等，译. 北京：生活·读书·新知三联书店，2012：510.

面前表演一出戏。毋庸置疑，第三者的出现使得师生团结起来，体会到一种共同的异化和情感。

(三) 反映性实践理论

我们认为，教育机智作为巧妙化解人际关系中矛盾与冲突的一种行动属于实践的范畴。但是这种实践并非与认识相分离的实践，换言之，教育机智既包括思维层面又包含行动层面，是知与行、身与心的统一。实用主义教育思想家杜威在其著作《确定性的寻求——论知与行的关系》中分析了人类对确定性的寻求是如何导致了知与行的分离，进而提出了通过实验性探究来实现知与行相融合的观点。美国教育思想家舍恩在杜威的基础上提出了反映性实践的理论，同样旨在化解知与行的对立。我们秉持一种知与行相融合的整体观，认为教育机智属于一种实践性知识，是对问题情境的一种全身心投入，以及对问题情境巧妙处理的一种体知。因而，舍恩提出的新的实践认识论为我们理解教育机智的逻辑提供了理论基础，他提出的培养反应性实践者的思路也对我们思考如何培养教师的教育机智具有重要的借鉴意义。

舍恩的实践认识论认为，"我们的认识通常都是内隐的 (tacit)，内隐于我们行动的模式中，潜在于我们处理事务的感受里。可以恰当地说，我的认识存在于行动之中。"[①] 他认为必须摆脱建立科技理性模式基础上的认识论，我们才能认同"行动中认识 (Knowing – in – action)"的观点。他说，"科技理性让我们认定智性实践 (intelligent practice) 即是将知识应用到工具性决定上，所以一旦我们将科技理性的模式放置一边，'在智性

---

① 舍恩. 反映的实践者：专业工作者如何在行动中思考 [M]. 夏林清，译. 北京：教育科学出版社，2007：40.

行动中隐含有某种认识'的想法就不足为奇了。"① 舍恩提出了"行动中反映（reflection – in – action）"的术语来指涉"我们不仅能思索我们所做之事，我们还能在做的同时思考我们的作为。"舍恩分析了行动中反映的内在过程，即实践者利用自身已有的经验库，将面临的陌生的情境变成类似但并不相同的情境（与情境的反映性对话），通过相似地看与做（即进行试验性探究）将已有的经验运用到新的情境中，从而使得已有的经验库不断得到丰富。舍恩论证说，"我们之所以能够把过去的经验运用到独特案例中去，恰恰是因为我们把陌生的情境相似地看做（see as）/比作（do as）常见情境的能力、在陌生的情境中做事就像在熟悉的情境中做事的能力。正是我们相似地看做和相似地做的能力使得我们对不符合现有规则的问题有某种直觉。"② 舍恩的实践性认识论对于探究教育机智的生成问题具有重要的启发。我们认为，教育机智的产生依然是以深厚的教育经验为根基，应对复杂突发的新情境的一种即时迅速巧妙适恰的反应，尽管并不是所有的教育机智行为都能挖掘出其深层的根源——潜在的、缄默的因素。

舍恩的反映性行动理论是建立在建构主义基础之上的，强调实践主体的专业视角对实践情境的建构，"他们拥有特殊的专业途径来看待世界，并按照他们视角中的世界来构建和维护它。当实践者与情境材料进行反映性对话从而对实践中的不确定地带作出回应时，他们改造了一部分实践世界，从而揭示了世界制造中通常默会的过程，这个过程是他们所有实践活

---

① 舍恩. 反映的实践者：专业工作者如何在行动中思考［M］. 夏林清，译. 北京：教育科学出版社，2007：41.
② 舍恩. 培养反映的实践者：专业领域中关于教与学的一项全新设计［M］. 郝彩虹等，译. 北京：教育科学出版社，2008：63.

动的基础。"① 舍恩所提出的这种新实践认识论对于教育机智研究的启发在于：第一，教育机智是融知与行、身与心于一体的体知或行动中识知（knowing-in-action）。第二，实践者基于一种思维范式与行为习惯可以实现教育机智的再情境化和创生。换言之，教育机智也可以通过"相似地看"与"相似地做"的方式得以生成。

六、研究方法与研究思路

（一）研究数据收集方法

本课题的研究数据属于质性数据，数据的来源主要是参与国培项目的中小学一线教师，"硕师计划"研究生班的中小学老师，以及修读《教师职业道德》、《现象学教育学》课程的大学生。此外，与本研究相关的教育影视资源、名家散文、研究者个人的教育经验也会作为质性数据收集的来源。数据收集方法主要涉及教育机智轶事撰写、访谈法和观察法。不同的方法在数据收集中具有不同的作用。具体说明如下：

教育轶事撰写：研究者在为国培项目的中小学教师以及"硕师计划"研究生班的新手老师开展教育机智专题教学的时候，引导学习者撰写教育机智的案例，并与这些研究参与者进行对话，对案例进行分析和讨论，对教育轶事进行进一步的打磨或澄清。

访谈法：通过访谈对教育机智轶事的内容进行必要的澄清。

观察法：研究者在听课过程中收集关于教育机智的教学实例。

实物收集法：研究者搜集与教育机智相关的影视资源或者文本。

本课题研究数据的收集方法主要以教育机智轶事的撰写为主，以访谈

---

① 舍恩. 培养反映的实践者：专业领域中关于教与学的一项全新设计［M］. 郝彩虹等，译. 北京：教育科学出版社，2008：32.

法、观察法和实物收集法为辅。教育机智轶事的撰写是学习者在研究者的指导下完成的（关于教育机智轶事写作指南详见附录一）。研究者通过正式或非正式访谈的方法来澄清文本理解过程中的困惑，并对教育机智轶事的文本进行打磨，通过与研究参与者的互动、讨论，激发头脑风暴，不断深化对教育机智现象的认识。

（二）研究数据分析方法

本研究采用了质性研究的方法。在研究数据的分析方面主要采用了常见的情境分析和类别分析的方法，同时还融入了理论的阐释（详见理论基础）。通过不同教育轶事的呈现来对教育机智进行深描，还原教育机智的鲜活性与复杂性；通过类别分析揭示教育机智轶事中呈现出的主题，发掘教育机智的根本特征或结构；通过理论分析来阐释教育机智的生成路径和习得途径。

（三）研究数据分析思路

基于教育轶事，通过对质性数据的类别分析和情境分析，结合上述研究理论基础，我们勾画了研究数据分析的基本思路，进而呈现了本书核心内容的基本框架：教育机智的基本类型、教育机智的基本特征、教育机智的生成路径以及教育机智的习得途径。通过对教育轶事文本的分析，我们描述了教育机智的三种类型，概括了教育机智基本特征分析的五大维度，并借助相关理论来分析教育机智生成的基本路径，进而提出教育机智习得的途径（详见图1.2）。

灵机一动中迸发的智慧火花 >>>

```
                    ┌─ 教育机智的基本类型 ─── 教师本位与学生本位的教育机智
                    │                        原生型与习得型教育机智
                    │                        主动型与被动型教育机智
                    │
    教育            ├─ 教育机智的基本特征 ─── 伦理维度；情感维度；实践维度；
    机智            │                        创造维度；非教育机智批判维度
    轶事            │
                    ├─ 教育机智的生成路径 ─── 相似地看与做；关注焦点的转移；
                    │                        基于教育信念的自然行动；
                    │
                    └─ 教育机智的习得途径 ─── 基于教育实践的自觉反思
                                             聚焦教育机智的教师培训
```

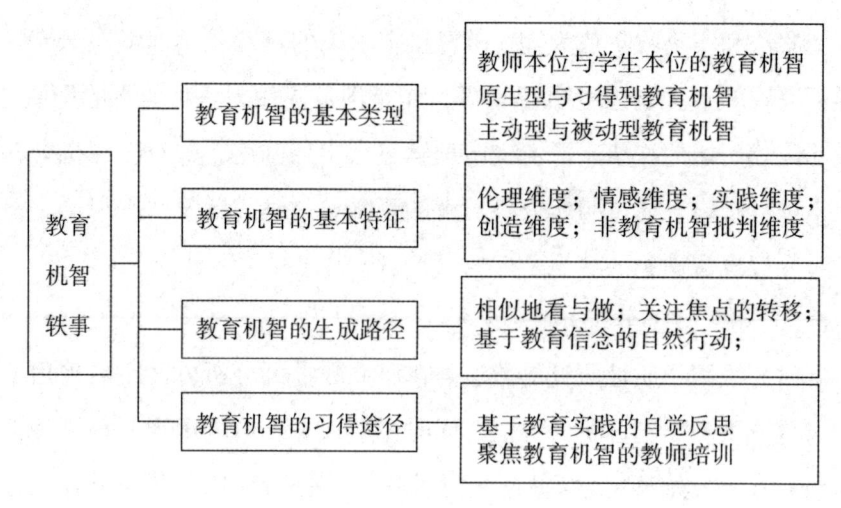

图 1.2　教育机智研究思路图

第二章

教育机智的基本类型

  教育的技巧并不在于能预见到教学的所有细节，而在于根据当时的具体情况，巧妙地、在学生不知不觉中做出相应的变动。

——苏霍姆林斯基（《给教师的建议》）

  为了比较全面地认识教育机智本身，我们需要从不同的视角去审视教育机智现象的多样性。根据不同的视角或标准，我们可以把复杂的教育机智现象分为不同的类型。根据教育机智目的指向的差异，我们可以区分教师本位的教育机智和学生本位的教育机智；根据教育机智的生成过程的不同，我们可以区分原生型教育机智和习得型教育机智；根据教育机智的行为倾向的差别，我们可以区分主动型教育机智和被动型教育机智。下文主要基于上述分类标准对不同类型的教育机智的呈现方式进行了描画。

一、教师本位与学生本位的教育机智

  严格意义上讲，教育机智应该包含教师的教育机智和学生的教育机智。但是从传统意义上说，教育教学实践中过于强调教育者的主导地位和关键作用，因此，绝大多数研究者都会探讨教师的教育机智。但是，教育教学活动是一种师生之间的人际互动，教育机智所关涉的人际关系是教育者与学习者之间最深刻的教育教学关系，因此对学生的教育机智行为的探讨对于深入理解教师的教育机智本身就显得十分重要，尽管我们的研究对象是教师。

根据教育机智目的指向的差异，我们可以区分教师本位的教育机智和学生本位的教育机智。所谓教师本位的教育机智也并非仅仅指教师的教育机智行为，也可以指学生的教育机智行为。所谓学生本位的教育机智也并非仅仅指学生的教育机智行为，也可以指教师的教育机智行为。换言之，教师教育机智行为的目的既可以指向自身，又可以转向学生。同理，学生教育机智行为的目的既可以指向自身，也可以转向教师。对每一种教育机智类型的分析都有助于我们深入反思教育机智的本质。

（一）教师本位的教育机智

教师本位的教育机智是指教育机智行为的目的指向教师，它包括教师的机智行为和学生的机智行为。教师本位的教育机智发生的情境虽然是师生交往当中出现的尴尬与困窘，但是处于尴尬处境或教育困境的主要是教师。教师为了走出困境或者消除尴尬，往往需要运用自身的教育机智。如果教师没有意识到教育的困境或危机，或者无力化解尴尬的处境或教育危机，那么就需要发挥学生的教育机智。无论属于哪一种情况，教师本位的教育机智的目的主要体现为对教师师道尊严或颜面的维护。

教师在教学过程中总是会不可避免地碰到这样或那样的突发事件，或是来自学生的刁难，或是来自自身的教学失误，或是来自教学环境的意外。这些突发事件往往令教师不知所措，陷入教育困境。如何巧妙地化解尴尬、走出教育困境就需要教师的教育机智。教师本位的教育机智主要表现为教师成功化解自身所面临的教育教学困境。下面的教育轶事就展现了教师本位的教育机智。

记得教小学美术课的时候,学校让我准备一节校内公开课,届时会有老师们来听课。我精心准备了一节二年级的课叫《我和昆虫》。我事先查阅了一些昆虫并作了几张范画。到了那天,虽然我已准备充分但还是有点忐忑,毕竟第一次有那么多老师来听课。我站在讲台上,目光扫了一眼底下的老师,有美术老师、生物老师、教导主任等等。我强作镇定就开始了讲课,一切都进行得很顺利。学生看了我画的蜻蜓、蜜蜂、蝴蝶,都很感兴趣,课堂气氛不错。我又拓展了些内容,给孩子们说了一些别的昆虫,比如苍蝇、蟑螂、马蜂、蝉等等。终于到了最后环节,学生们开始画自己喜爱的昆虫了,我心里舒了口气,于是走下讲台巡视指导。有的学生在照着我的范画画,有的似乎还在思考要画什么。突然,我看到一只小手举起来了,我请他站起来并询问有什么问题,他说:"老师,我可以画蜘蛛吗?它属于昆虫吗?"我被他这突如其来的一问给问住了,在脑海里迅速回想蜘蛛是否是昆虫?底下又有一排老师,我一紧张更是大脑一片空白,若是回答不上来那多没面子,还显得我课前没准备充分,若回答错了又会误导孩子。正当我心里小鹿乱撞时,眼睛扫到了坐在教室后排听课的王老师。我灵机一动,故作镇定地说:"你的问题很好,老师想,王老师会给出你想要的答案,因为他是咱们学校特别厉害的生物老师,我们一起请他来为咱们解答吧"。我请学生坐下,然后用渴望的眼神看着王老师。王老师先是一愣,然后站起来给学生科普:"蜘蛛不是昆虫,它属于节肢动物……"讲解完后,同学们一起鼓掌,一起听课的老师也一并鼓起掌来。最终,我有惊无险地上完了这堂美术课。课后王老师对我说,你突然叫我回答问题也不跟我商量一下,我摸摸

脑袋说，特殊情况特殊对待嘛......【T2018-1】①

  从上述教育轶事中，我们可以体会到教师在教学过程中遭到学生突然提问时所处的尴尬处境。教师不是圣人，也有被学生问倒的时候，这时就需要教师机智地处理这种教学困境。当学生问一位美术老师一个生物学方面的问题——"老师，我可以画蜘蛛吗？它属于昆虫吗？"——的时候，这位美术老师被这突如其来的一问震住了，内心充满着挣扎，既害怕在众多同行面前暴露自己备课的不充分，又害怕误导学生。作为教师，她一方面想竭力维护自己的脸面和自尊，另一方面又害怕回答学生的问题出错，于是产生了自我的分裂，"心里小鹿乱撞"。就在这种纠结中，她的目光碰巧扫到了教室后排正在听课的生物老师，于是灵机一动机智地化解了教学的困境。这位教师的教育机智主要体现在：她把这个生物学问题与生物老师瞬间建立起了联系，把问题抛向了生物老师，从而化解了自己的困境。上述教育轶事生动地再现了教师本位的教育机智，即教师灵机一动成功化解了自己在教学过程中遭遇的困境，旨在维护自己在同行或学生面前的颜面和尊严。

  教师面临的困境有时源自教师自身的教学失误，比如教师在授课过程中可能由于粗心讲错了题，虽然大部分学生没有发现，也没有人指出来，但是当兴致勃勃讲课的教师突然意识到自己的教学失误时，才明白学生诧异或疑惑的眼神，顿时就会感到丢脸或有失颜面。在这种教育情境中，教师对突发事件的机智应对无疑是为了尽力挽回教师的师道尊严。下述教育轶事反映了教师对自身教学失误机智应对的过程。

---

① 【T2018-1】是本研究中使用的教育轶事标识符号，它标识了文献收集的信息，T代表了教育轶事的来源，即参加国培项目的"特岗教师"，收集时间为2018年，文本的序号为1，后文的文献收集标识不再一一说明。

有一次，我在给学生上三角函数课时，碰到一道需要画图像以数形结合的方式来解答的题目。这道题需要画出一个余弦函数的图像，但在前几次上课和我之前讲过的题目当中，我经常给学生画正弦函数的图像，大脑形成了思维惯性，于是顺手就在黑板上画了一个正弦函数 $y=\sin x$ 的图像，紧接着开始求那道题中函数的单调性等问题。当我不经意间转头时，发现有些学生的表情有一点儿不对劲儿，但大多数学生还是跟着我的思路走，所以我当时也没有在意。正当我意兴满满地把答案写完以后，突然发现跟课本上写的答案不符，这时，我先是愣了两秒，因为确实大多数同学并没有发觉我将图像画错了，有几个同学有疑问但却没有及时制止我，可能他们也只是怀疑，并没有很肯定自信地指出我的错误。我心想，如果我就这样结束肯定是不负责任的，但如果等我信誓旦旦做完这道题再否定自己也会很没面子，怎么办？我先是放低了自己的姿态，对着学生微笑了一下，尽量保持沉着冷静，让自己不要慌，毕竟老师也不是万能的，然后提示学生说："你们觉得这道题做到这里结束了吗？"因为数学不像语文，需要把计算结果代入验算答案是否正确，学生有这种思维习惯就会重新去审一遍题，再详细地去看一遍我的解题过程，很快大多数学生发现我的图画错了。紧接着，我就拿解错题这个事来强调他们写作业时要注意的一些问题，告诉他们，一要审题仔细，二要牢记正弦与余弦函数的图像，因为两个图像很像只是平移的关系，要清楚它们的区别与联系，三要理清做题顺序，重要的是算完代入检验答案是否准确，肯定自己的做题过程，树立自信心和成就感。同时，我也告诉自己与学生，不要害怕遇到问题，在遇到错误时要让自己沉着冷静，理清自己的思路，再在正确的道路上向前行走。【S2018-3】

灵机一动中迸发的智慧火花　>>>

　　在上述教育轶事中，一位教师在课堂上结合三角函数图像来为学生讲解习题，临近结束发现答案不对，这才意识到自己的图像画错了，霎时明白了学生奇怪的表情所传达的意义。这位教师是如何看待这样的突发事件呢？她说："数学老师在课堂上把题写错是一个常见的事，因为老师其实也不是一个错都不会犯的圣人，但这次碰到这种情况，我也会怕，怕学生嘲笑我，怕课堂纪律混乱，怕今后在课堂上无法树立起专业威信。"既然如此，该如何为自己的教学失误买单呢？主动承认自己的错误，抑或继续错下去。无疑，这一突发事件考验着教师的教育机智。这位教师的机智在于，他并没有直接承认自己的教学失误，而是主动让学生通过验证来发现自己解题的错误，当学生认识到这个错误的时候，教师不失时机地对学生进行了教育，给学生提出了作业要求："一要审题仔细，二要牢记正弦与余弦函数的图像，因为两个图像很像只是平移的关系，要清楚它们的区别与联系，三要理清做题顺序，重要的是算完代入检验答案是否准确，肯定自己的做题过程，树立自信心与成就感。"从而将自己的教学失误转变成对学生而言具有教育意义的事件。在上述教育机智轶事中，我们可以看出教师机智行为的目的重在维护自己的专业权威。在相似的教育情境中，教师的机智行为具有相似性。下面的教育轶事说明了这一道理。

　　　　那天下午，我讲解完一道三角函数的题目，发现另一道题和刚刚讲的题好像有些类似，我便让学生自己做一下，看看刚才那道题学生是否听懂了。其实，这道题并不在我的备课范围内，我无意中扫到了那道题目就觉得这两道题是同一种题型，自己信心满满地认为此题并不难，谁曾想却掉入一个坑中。学生思考了一会儿后表示还是不会做这道题，我便准备讲解此题，并让学生认真听，方法与上道题相同，可我自己开始讲题时，做到一半就发现两道题并不相同，用上题的方法也无法解答出这道题的答案。我愣了一会儿,思索着该如何下手时,学生也很敏锐地察觉到了我的变化,便问我是不是也不会这道题。我顿时感到尴尬,一时语塞不知作何反应,学生便哈哈大笑起来,说道:"老师也有不会的时候"。我尴尬一笑,说自己看错题了,这是另一种题型,于是将之前的解题板书擦掉,重新审题再解,边擦边说:"你可不能学我,做题时一定要仔细审题,看清楚了再下手。"还好最后将这道题解出来了。此事也提醒我,以后备课和做题都要认真。【S2019-12】

在上述教育轶事中,老师的疏忽大意导致了教学失误,并遭到了学生的质疑和嘲笑,于是教师的尴尬感便油然而生。这位教师的教育机智在于,她坦然地承认了自己的错误,并以自身为反面典型,不失时机地对学生进行了教育,她告诫学生说:"你可不能学我,做题时一定要仔细审题,看清楚了再下手。"从而将自身偶然的教学失误转化为教育契机,为课堂突发事件赋予了教育意义,以此化解了自己的尴尬处境。显而易见,这位教师的教育机智行为的初衷是为了挽回自己的颜面,维护自己在学生面前的专业权威。教师本位的教育机智的目的在于维护教师的师道尊严,因为这是教师从教、发挥教育影响力的基础和前提。

毋庸置疑,学生如果想要在校园中更好地学习、生活下去,具备一定的机智是必要的,无论学生的这种机智用于师生相处,还是同辈群体交往。因此,需要提及的还有教师本位的教育机智的另一方面,即当教师没有意识到自身的尴尬处境时,学生采用机智的行为来维护教师的师道尊严,从而避免师生之间的人际矛盾和冲突。下面的教育轶事展现了学生巧妙地维护教师的颜面,避免师生之间的矛盾和冲突的机智行为。

记得读高中时,教我们语文课的老师是一位中年男老师,他的语

灵机一动中迸发的智慧火花 >>>

文教学能力在学校中是数一数二的,还写了一手漂亮的字,让我们这些学生都很钦佩。他语文的写作水平也很高,经常会在课前给我们展示精彩的作文开头,让我们记录下来并背诵,以便用于自己以后的写作中……老师的优点很多,可缺点是,这个老师的个人卫生习惯不是很好。班里同学经常会讨论他,比如只要老师从身边经过,就可以闻到异味,坐在第一排的同学经常可以感受到老师的唾沫星溅在自己的书本上,老师经常上课时突然咳嗽,然后将痰吐在讲台上,用鞋底蹭掉,甚至有几次早上上早读把短袖穿反了,还将内裤的裤边扎在了衣服的外面……这些一直在被班里的同学讨论。让大家都忍受不了的是,老师会在讲台上吐痰,尤其是一节课会有好几次。最后大家经过讨论决定派班委去和班主任说,通过班主任告诉语文老师,从那之后,语文老师就注意了很多,在讲台上很少出现吐痰的情况了,我认为这件事情我们班里同学做得很机智,一方面避免了与语文老师直接沟通交流的尴尬,另一方面也为老师留了面子,最后通过班主任解决了这一事情。【S2019-8a】[1]

教师职业与其他职业一个最大的区别就是教师在学生面前要做到为人师表,教师的一言一行都会引起学生的关注,对学生产生教育影响,所以教师需要谨言慎行。从上述教育轶事可以看出,教师随地吐痰,不注重个人卫生以及形象整饰的不良习惯是一种无意识行为,他并未意识到自身言行会对学生产生消极的影响,甚至会引起学生的反感。但是学生如果当面

---

[1] 【S2019-8a】是本研究中使用的教育轶事标识符号,它标识了文献收集的信息,S 代表了教育轶事的来源,即"硕师计划"研究生班的老师,收集时间为 2019 年,文本的序号为 8a,其中英文小写字母"a"代表该研究参与者提供的第一个教育轶事,如果有多个轶事依次用(a,b,c,d……表示),后文的文献收集标识不再一一说明。

指出教师的问题很显然会引起教师的尴尬，令教师耳红面赤、颜面尽失，还有可能激化师生之间的矛盾和冲突。学生的机智就在于既巧妙地指出教师的毛病，又不至于使教师在学生跟前感觉到难堪。

通过对上述教育轶事的分析，我们可以看出，在一定的教育情境下，学生的机智行为与教师的机智行为存在一些共同的特征：教育机智行为的目的都在于维护教师的脸面或专业权威。当教师意识到教育危机或困境给自己带来的挑战时，教育机智的直接目的则是为了维护自己在学生面前的专业地位或权威。当教师无法表现出自己的教育机智时，学生的机智行为就显得尤为重要，学生的机智体现为为对方考虑，其目的在于维护教师的颜面和尊严。

（二）学生本位的教育机智

与教师本位的教育机智相比，学生本位的教育机智的目的旨在维护学生自身的利益。学生本位的教育机智可能源自教师，也可能源自学生自身。如果学生本位的教育机智源自教师，则体现了教师对学生利益设身处地的考虑。如果学生本位的教育机智来自学生，则体现了学生对自身利益恰到好处的维护。换言之，当学生在教育教学情境中陷入尴尬或困境时，教师和学生都可以通过机智的行为来维护该学生的利益。大多数研究者都认为，源自教师的教育机智应该主要体现为为学生考虑、关爱学生、维护学生自尊，避免学生因不佳表现而遭受伤害。下面的教育轶事呈现了教师是如何机智地令学生摆脱课堂学习困境，让学生感受到教师的教育爱的。

> 记得在我小学一年级的时候，因为前一节课的老师拖堂了，我也没有时间去卫生间，所以在数学课一开始时，我便有了去卫生间的想法，但是一年级的我胆量很小，所以根本就不敢举手向老师说我想去卫生间的事情，我就想一直憋着，想着等到下课了再跑去卫生间。我

灵机一动中迸发的智慧火花 >>>

感觉一节课四十分钟好漫长呀,我一直煎熬着,这节数学课的内容也是一点儿都没听进去,我憋得小脸通红,终于在某一刻……我在心里暗自想着,这件事应该不会有人发现的,但是我的同桌又是属于十分活泼那一类的,就在我正在心里祈祷的时候,他站起来指着地上跟老师说:"老师,地上有一摊水。"然后全班同学的视线都朝我这边看过来,老师也从讲台上走到我身边,我十分不好意思地低下了头。老师看到了我已经湿透的裤子和地上的一摊水迹,似乎明白了我的窘境,于是老师的目光定在了我书包侧兜的保温杯上,老师摸着我的头就问道:"是不是你的保温杯漏水了呀?"随后,老师转身控制住班里嬉笑的同学们,立刻把我领出了教室。在教室门口,她对我温柔地说:"琪琪,你不用太担心哦,我现在会叫你妈妈来帮你换裤子。另外,你也不用不好意思,下次如果想去卫生间的话,就可以直接举手给老师说,老师和同学们也都不会觉得这有什么问题的。小朋友嘛,这很正常。"我觉得这个老师真好,遇到了事情,她首先做的是安抚我的情绪,而不是一味地批评我扰乱了课堂秩序,也没有在同学们面前拆穿我,从而避免了我的尴尬。直到如今,我还是很感激她,是她维护了一个七岁小女孩的自尊心。【Z2019-2】①

在上述教育轶事中,我们看到了一个机智的老师是如何维护一个孩子的自尊的。在小学课堂教学中,特别是低年级的小学生,由于课间休息时间没有把握好,或者由于惧怕扰乱课堂,往往会出现尿湿裤子或拉到裤子里的情况,学生往往羞于告诉老师,更害怕同学们的嘲笑,只能默默忍受

---

① 【Z2019-2】是本研究中使用的教育轶事标识符号,它标识了文献收集的信息,Z代表了教育轶事的来源,即修读"教师职业道德"课程的本科生,收集时间为2019年,文本的序号为2,后文的文献收集标识不再一一说明。

漫长的课堂学习。显然，在这种煎熬中，学生的心思很难再聚焦于课堂教学内容了。我曾听一位母亲气愤地说，自己的儿子刚上小学不久，由于课间不能及时上厕所，又怕上课去厕所挨老师批评，经常憋着，后来去医院检查，居然发现孩子憋出了毛病。对于教师而言，教育机智需要教师敏锐地把握学生的课堂生存状况，设身处地地为孩子着想。

教师职业是一项高风险的职业，教师有时很难知道自己的言行是否会触动学生敏感的神经，从而给学生带来伤害或者痛苦，甚至毁掉学生的学业，对孩子产生消极的教育影响。为了规避这种风险，教师需要具有一种学生本位的教育机智。学生本位的教育机智表现在对学生自尊的巧妙地维护上，体现为对学生的教育爱。有的时候教师的机智行为表现得那么自然和了无痕迹，以致于很难被察觉，但是学生却能够从教师行为当中感受到教师的教育爱。下面的教育轶事展现了教师是如何通过自身的教育机智来维护学生自尊的。

记得从小学升入初中时，我被分到了重点班，但成绩在重点班里却不算特别优异，尤其是科学这一门150分的学科让我非常头疼。全班同学成绩都不算差（中考时全班第一，除了体育，其他五门成绩全都获得了A及以上的优异成绩），可想而知，在这样的环境下，这样的差距里，我内心始终都感觉到战战兢兢的。忘了是第几次月考了，满分150分的试卷，我才考了九十多分，于是我迅速吃完午饭就跑进老师办公室去问问题，没想到很多同学都比我更快一步，一下课就去找老师问问题了。大家都围着老师，而我由于那可怜的一点自尊心静悄悄地站在了人群之外，想等所有同学都问完之后再去问老师。

等所有同学都走光了，我才拿着印着鲜红分数的试卷去问老师题目。老师用一只手撑着桌子给我讲题目，我感觉老师应该是累了，也没有吃午饭。就在这个时候，又有一个同学拿着他的试卷来找老师答疑。我很害怕，我怕我那个鲜红的分数会被他看到，我怕他看到我的分数后会怀疑我是怎么进到这个班的，我怕下午回到班级后大家都知道了，我就变成了班上一个分数与大家格格不入的人了。不知道是不是我的窘迫表现出来了，我的科学老师看到那位朝他走来的男同学时，把他撑着桌子的手突然放下，挡住了试卷上令我难堪的分数，然后十分平静的为那个同学讲题。在那么窘迫的一个情况下，科学老师那一个善意的举动，维护了我那可怜而又可悲的自尊，我想我大概永远都不会忘记。【Z2019-1】

我们从上述教育轶事中可以看出，一个刚刚升入初中重点班的学生考试失利后复杂的内心世界。考试失利导致学生感受到自己的"名（重点班学生）"与"实（成绩差）"的不符，于是产生了自我认同的危机，从而引发了学生的焦虑和担心。她担心自己的这种名实不符被同学发现，引起学生对自己学习能力的质疑，进而受到同学的排斥。因此，她静静地等待其他同学问完问题才去找老师答疑解惑，当老师正在给她讲解时，另一个同学突然又来找老师答疑，后来的这位同学无疑加剧了她内心的焦虑和担心，她怕这名突然闯入的学生知道了自己的成绩，更怕班里的每位同学都会知道，怕自己成为重点班里的另类。然而，就在她陷入窘境时，老师的一个自然而然的举动——用手挡住了试卷上难堪的分数——挽救了学生强烈的自尊，教师这种不经意的善意举动令这位学生终身难忘。由此可见，教师的教育机智就在于设身处地为学生考虑，在自然而然的举动中维护了学生的自尊，消除了一个孩子内心的焦虑和担心。对于学生而言，教师的机智体现为对学生内心世界的深刻洞察，体现为对学生隐私的尊重，体现为对学生自尊巧妙而自然地维护，体现为对学生窘境了无痕迹地化解。

学生本位的教育机智不仅体现为教师对学生所处困境的机智处理，也表现为学生对自身的尴尬或所处窘境的灵活应对。当教师不能化解学生在学校生活、课堂教学中所面临的困境或人际冲突时，学生自身的机智就显得尤为重要。下述教育轶事来自于著名作家毕淑敏撰写的一篇散文《被老师读作文的时候》。在这篇散文中，毕淑敏讲述了自己小时候由于作文写得好而经常被老师在课堂上当做范文来读结果却遭到同学们嫉妒的情形。刚开始，毕淑敏觉得自己的作文被语文老师朗读是一件值得高兴的事情，但下课后在玩耍时被同学孤立的情形让她心里感到很不是滋味，因此，她将自己的学习体验形容为"怪味豆"。然而，语文老师却没有意识到经常夸奖同一个学生而给学优生带来的尴尬处境。为了化解这种来自同伴的认同危机，她故意把作文写得很差，但是问题来了，那就是她会被老师约谈，面对老师的询问，她又不能如实告知老师（那只能会使同学之间的关系更加恶化），但又不能辜负老师的期望，于是只好尽量把作文写好，所以问题依然没有解决，怎么办呢？后来，毕淑敏给老师提了一个建议说，上课读作文的时候不要告诉大家是谁写的，让大家关注的目光放在作文本身上，而不是作文的作者。老师采纳了毕淑敏的建议，结果她与同学们的关系又和好如初了。很显然，对于教师而言，由于对学生的学习体验缺乏敏感性，并没有意识到自己教学行为的不妥，因而就更谈不上教育的机智了。在这种情况下，学生要想保持良好的同学关系只能依靠自己的机智。在这篇文章结尾，毕淑敏写到："我至今不知道这算是少年人的机智还是一种早熟的狡猾。它养成了我勤奋不已而又淡泊名利的性格。"[1] 毕淑敏小时候的机智体现为巧妙地化解自身所处的两难困境——既不能辜负老师

---

[1] 毕淑敏. 我很重要 [M]. 长春：时代文艺出版社，2005：47.

的期望，又不能引起同学的嫉妒——即恳求老师读作文时隐匿自己的名字，这样既不会令老师失望，又避免了同学的孤立。

教师本位和学生本位的教育机智的区分在于说明，在教育场域中要维护融洽的人际关系，需要教育机智的不仅仅是教师而且还有学生。尽管我们强调的重点是教师的教育机智，但是学生要想在校园中更好地生活，在课堂中更好地学习就不能仅仅依赖于教师，虽然教师对学生的成长成才负有不可推卸的责任，但是学生的生活在本质上只属于他自己，很少有老师能够比学生自身更好地理解他们学习生活的体验。教师本位与学生本位的教育机智的区分还在于说明，无论是教师的机智行为还是学生的机智行为，其行为的目的既可以指向自己，也可以指向他者。但如果超越这种非此即彼的分类方式，我们会发现，任何类型的教育机智的根本目的指向的都是融洽和谐的人际关系，而维护融洽的教育教学关系恰恰是教育机智的根本所在。换言之，教育机智无论是源自教师还是学生，也无论是维护自身的利益还是设身处地地为他人着想，最终的目的都在于维护一种良性的人际互动关系。

二、原生型教育机智与习得型教育机智

根据教育机智的生成的原创性与再创性，可以把教育机智分为原生型教育机智与习得型教育机智。原生型教育机智往往很难清晰地去追溯教育机智得以发生的根源，而当事人本人也很难去描述这种教育机智究竟是如何产生的，我们可以称之为教育机智的缄默部分。与之相对，习得型教育机智是建立在对原生型教育机智的模仿、再创造的基础之上，多半情况下，教育者机智行为发生的心理过程是可以言说的。

(一) 原生型教育机智

原生型教育机智很难找到学习模仿的原型，更多体现的是教育者基于自身教育信念的原创性。原生型教育机智的行为方面是可以描述的，但是教育机智的思维层面似乎属于潜意识的范畴，难以被言说，具有缄默性。换言之，原生型教育机智生成的内在过程难以被清晰地揭示。下述教育轶事描述了发生在研究者身上的原生型教育机智。

记得有一次我与谌老师监考化学。当我提前十五分钟到达考场时，发现谌老师早已在考场里等候了。开考前的十来分钟，令我们出乎意料的是，我们并没有感受到考试前的安静，考场里不少学生都在交头接耳，窃窃私语，不知道兴奋地议论着什么。也许是谌老师忍受不下去了，突然严肃地训斥道："能不能安静下来，马上就要发试卷了。"学生们好像被这突如其来的声音震住了，考场安静了不少，但还是有个别学生依然我行我素，只不过学生的心情由晴转阴，脸上没有了刚才的高兴。我感觉到考场气氛有些压抑，于是对同学们温和地说道："好啦，同学们不要再说话了，再说话，考前背好的化学方程式受到干扰，一会考试想不起来了，那麻烦可就大了！"说话的学生会心一笑，收敛起来不再说话，开始准备进入考试状态。当时我并没有对自己的教育行为进行反思，但直觉告诉我，这就是一种教育机智。【Y2019-1】[①]

对此教育轶事，写作者做了如下反思：在处理突发事件时，仅仅靠本能的情绪反应是不可能表现出教育机智的。学生在考场窃窃私语，被监考

---

① 【Y2019-1】是本研究中使用的教育轶事标识符号，它标识了文献收集的信息，Y 代表了教育轶事的来源，即本课题研究者，收集时间为 2019 年，文本的序号为 1，后文的文献收集标识不再一一说明。

灵机一动中迸发的智慧火花 >>>

老师提醒后还是没有收敛,这肯定是监考老师不能容忍的。学生对考场纪律和监考老师的要求置若罔闻,无疑会触怒监考老师。老师出自本能的情绪反应,以及严厉的训斥,可能达到了想要的管理效果,但是学生愉悦的考试心情被破坏了,没有人喜欢在自己高兴得忘乎所以的时候,被人突然泼一盆凉水。在某种程度上,师生关系也潜在地陷入了紧张,有的学生对教师粗暴的管理方式可能并不认可,内心也不是心悦诚服。写作者也感觉到,自己刚一上班的好心情被破坏了,感觉到一种课堂气氛的压抑。由此,我们可以看出,教师的机智体现在对学生体验的感同身受上,体现在对学生生活体验的敏锐把握上。教师的机智体现在站在学生的角度来想问题,一句"好啦,同学们不要再说话了,再说话,考前背好的化学方程式受到干扰,一会儿考试想不起来了,那麻烦可就大了!"教师的机智行为既指出了学生的不良表现,同时以幽默的方式劝诫学生赶紧准备进入考试状态。这种幽默是从学生的角度出发,是为了学生自身的利益,学生体会到这种关爱,自然会改正自己的错误,而且会保持一种愉悦的考试心情,同时师生之间的关系也会更加融洽。尽管写作者对自身的教育行为进行了深刻的反思,但是当他被问及,"你通过幽默的方式缓和了师生关系,这种机智从何而来?"写作者也不知道自己在那一刻居然会有这样的表现,很难找到或者明言这种教育机智由以产生的根源。在众多的教育轶事中,很多研究参与者只能描述教育机智的故事,将其视为一闪而现或灵机一动的智慧火花,并不能明确地表明教育机智生成的内在思维过程。

原生型教育机智往往出自教师的一念之间或者灵机一动。虽然教育者事后可以通过反思形成一定的经验,但是依然很难揭示教育机智当中的缄默部分,特别是教育机智的生成过程。原生型教育机智似乎是一个谜,无法通过简单的方式来揭示其生成的根源。

(二) 习得型教育机智

与原生型教育机智不同，对于习得型教育机智而言，教师能够描述这种再创型教育机智所产生的原型。换言之，习得型教育机智的生成过程通过反思往往是可以明言的。下面的教育轶事恰恰体现了这一点。

周末轮到我值晚自习，班里纪律良好，学生们都在认真地看书、写作业，为了考验学生的自觉性，我故意回到自己办公室，刚开始教室里还是静悄悄的，但是好景不长，我隐隐约约听到教室里传来说话的声音，而且声音越来越吵，于是我满腔怒火地回到教室，说话声又戛然而止。我竭力控制住自己的情绪，因为我知道把学生痛骂一顿并不能达到预期的效果，那么该如何让他们感受到遵守纪律的重要性呢？突然，一个最近看过的故事跳上心头，故事的情节大概是这样的：一个男孩因连看了四部电影而耽误了时间，为了不被父亲责怪而欺骗父亲说汽车抛锚，在修理铺耽搁的。父亲在确信儿子撒谎后非常伤心和气愤，但他没有责怪儿子，而是以步行20英里的路程来惩罚自己，反思自己这些年来在子女教育问题上的失误。在将近五个小时的步行中，男孩苦苦哀求、道歉，父亲都置之不理。看着父亲疲惫和痛苦的身影，儿子上了生平最刻骨铭心的一课，从此以后再也没有对父亲说过一句谎话。受到这个故事的启发我突然想到了教育学生的办法。我对学生说："我非常难过，不是为你们难过，而是为我自己难过。刚才我只不过去了一下办公室，你们就这么吵，以至于我没做完手头的事就回到班级来监督你们。我非常生气，不是生你们的气，而是生我自己的气。我要好好反思一下这段时间以来对你们的教育，为什么竟然如此失败！"我的话音缓慢而清晰，全班的学生都不说话，眼睛一眨不眨地看着我。我接着说："我是一个不称职的老师，我要惩罚自己。我决定在教室里站到九点半,我要从头开始反省自己的失误。"下课后我收到了学生的道歉:"老师,我们错了!以后,我们再也不惹你生气了!我们会很乖的!"从此以后,学生在自习课上的表现发生了很大的变化,不断有老师夸赞我们班自习课纪律好。①

从上述这则教育轶事中,我们可以看到教师在面对教育困境不知所措时,突然想到一位父亲对撒谎的儿子进行教育的机智故事,从而获得了解决问题的灵感。从中我们可以看到这位教师对那位父亲的教育机智的模仿与再造,这种模仿与再造的前提是基于两种教育情境的相似性。我们把这种教育机智称为习得型教育机智。习得型教育机智的生成过程往往不是缄默的,而是能够明确表达、传递的,即教育者可以揭示出自身教育机智行为的思维过程。

原生型教育机智和习得型教育机智是基于教育机智的生成过程而言的,习得型教育机智是建基于原生型教育机智上的再创。这两种机智类型的划分是相对的,如果我们能够揭示出原生型教育机智的生成机制,并且可以寻找到这种教育机智由以产生的原型时,那么它就会转变成习得型教育机智。如果习得型教育机智成为教育机智再生的基础时,那么它就会转变成原生型教育机智。

三、主动型教育机智与被动型教育机智

在教育机智研究的文献中,被动型教育机智成为多数研究者关注的重点,因为它比较鲜明地反映了教育机智的典型特征。对此,有研究者指出,还存在主动型教育机智。被动型教育机智最典型的表现是,教育者对

---

① 故事改编自顾菊芳撰写的教育轶事《此时无声胜有声》。详见:马联芳等.99个班主任的教育机智[M].上海:上海教育出版社,2006:282.

遭遇的突发的教育事件的被动应对以及对教育困境的巧妙化解。与之相对，主动型教育机智则是教育者在并没有面临明显的危机、窘境的情况下，通过灵感、顿悟等方式主动抓住教育契机而做出的富有教育意义的创造性行为。

（一）主动型教育机智

主动型教育机智与被动型教育机智的不同主要表现在，教育者应对教育情境的态度以及行为反应方式的差异。在主动型教育机智发生的教育情境中，教师多半情况下并没有受到尴尬处境的威胁，而是基于直觉、灵感、顿悟等做出的对自身教育教学行为的一种主动调试，以期达到预设的教育教学效果。换言之，教师自身并没有感受到教育危机，教师做出的反应不是对教育困境的被动应对，而是对教育教学的积极探索。下面的教育轶事反映了教师在教学方法出现问题时，主动灵活地做出教学方法的调整以改善教学效果的过程。

教育机智是教师在不断变化的教育情境中随机应变的一种技能。在课堂教学当中，教师往往会遇到许多意料之外的情况，比如学生没有给出预设的答案，部分学生没有学习过预备知识等等。如何巧妙地化解危机，使课堂有序进行呢？以下是我教学中遇到的案例。

在一节乘法计算的习题课中有这样一道题：$15 \times 98 = （\quad）$。题目要求使用简便的方法计算出结果。根据已有的知识，我给四年级的学生讲解了乘法分配律的公式以及如何逆用乘法分配律，计算过程如下：

15×98

$= 15 \times （100 - 2）$

$= 15 \times 100 - 15 \times 2$

灵机一动中迸发的智慧火花 >>>

= 1500 − 30

= 1470

然而，我发现学生并没有太强烈的反应，似乎听得不是很懂，于是我又重复了一遍，仍有半数的同学没有掌握，通过交流才得知他们还没有学习运算规律，整个课堂陷入了一种紧张思考的氛围，部分孩子的脸上还显示出了一种听不懂老师讲课的失落。为了缓解这样的氛围，我随即说："这个问题还是有点难度的，我们等会儿再来解决它。现在先来帮老师解决一下另外一个问题吧！中秋节快到了，老师要给每位小朋友以及同事们买月饼，老师打算一共买100个月饼，一个月饼15元，请问，老师一共要花多少钱？"学生说："15×100 = 1500（元）"。"老师又突然想到多算了已经转走的小华和小红同学，所以老师又退掉了2个月饼，请问退给了老师多少钱？"学生回答道："15×2 = 30（元）"。

"最后，老师一共买了多少个月饼？学生："98个。"

"老师一共花了多少钱啊？学生："1500 − 30 = 1470（元）"

"还有同学有不同的方法吗？"学生："15×98 = 1470（元）"

"那么刚刚那个有难度的计算题，大家会做了吗？"

有学生说："我懂了，15×98 = _____可以看成是98个15的和，计算的时候可以先计算100个15的和，然后再减去2个15的和，这样做不用列竖式也可以计算出结果。"

"大家都听明白了吗？"同学们都异口同声地表示听懂了，气氛也再一次变得活跃起来。随即，我又出了一道题进行了巩固，26×102 = _____。同学们马上联想到了老师买了102个月饼，1个月饼26元，可以先买100个，再买2个，马上就得出了结果。

26×102

$= 26 \times (100 + 2)$ ——先买 10 个，再买 2 个

$= 26 \times 100 + 26 \times 2$ ——100 个月饼花的钱加上 2 个月饼的钱

$= 2652$

学生纷纷感叹数学方法的奇妙，同时将类似的乘法分配律的题想象成了"老师买月饼的题"，向来对枯燥的计算反感的孩子也变得乐意去解决（帮老师计算买月饼的钱）。【S2018-6】

从上述教育轶事中，我们可以看出，教师发觉教学方法不当时适时进行了灵活的调整，将抽象的数学运算很自然地转化成一个贴近学生生活的问题，从而做到了深入浅出，让学生感觉到浅显易懂，激发了学生学习数学知识的热情。所以，教师的教学机智主要体现在敏锐地把握学生的学习情况，主动对教学方法进行灵活的调试，以适应学生的学习基础。这与被动型教育机智迥然不同，被动型教育机智多半是教师在教育教学过程中受到学生突如其来的挑战或发难而被动应对时产生的急中生智。主动型教育机智则表现为，教师敏锐地发觉教育教学问题，灵活地调整教育教学方式，巧妙地解决学生的学习困境，以达到良好的教育效果。

与多数研究者一样，我们所收集的教育机智的案例多属于被动型教育机智，毋庸置疑，这是最典型的教育机智案例。也有少数研究者提出了主动型教育机智，认为主动型教育机智才是真正的教育机智。研究者对主动性教育机智的探讨拓展了教育机智的外延，开阔了教育机智研究的视域，为我们更深入全面地研究教育机智提供了启发。主动型教育机智提出的意义在于告诫教师，不能被动地应对教育挑战，而是要主动地抓住教育时机，创造适恰的教育情境，巧妙地解决教育问题。

对教育机智与教育智慧的关系的理解有助于我们进一步明确主动型教

灵机一动中迸发的智慧火花 >>>

育机智与被动型教育机智的区分。从教育机智与教育智慧的关系来看，教育机智是教育智慧的外在表现，富有教育智慧的教师更容易表现出教育机智来。正如范梅南所言，"没有智慧就没有机智，而没有了机智，智慧最多也只是一种内部的状态而已。"① 虽然主动型教育机智与被动型教育机智都在一定程度上反映了教育者的智慧火花，但是与被动型教育机智相比，主动型教育机智能更容易彰显教育者的教育智慧。下述教育轶事所反映出的与其说是一种教育机智，不如说是一种教育智慧。

  周日晚上一个学生迟到，气喘吁吁地站到了教室门口。老师见状，头脑中浮现出这位学生的平时表现和近来考试的进步，于是对他进行了询问："说说你迟到的原因吧。"学生双手捂着肚子，气喘吁吁地说："我差点来不了，刚刚肚子疼，还是那位同学背我上来的。"老师继续问道："如果是这样，气喘吁吁的不应该是你，而应该是你的同学啊！再说，如果你疼得如此厉害，你不应该来学校，而应该打电话给家长，让家长送你去医院，或者我现在就送你去医院。"该生尴尬地笑了笑，左顾右盼，闪烁其词。老师微笑着说："我可不希望你继续犯更严重的错误。你也知道我处理问题的态度，并且我也不想让你侮辱我的智商。"学生坦诚地说道："其实我是和刚才那个同学一起吃饭去了，结果晚了。"老师继续问道："所以你的第一反应就是找一个合情合理的解释，这样可能让你逃脱惩罚，并且经验告诉你这样做很有效。千万不要对我说这是第一次，你能把谎言说得如此理直气壮，我很'佩服'你，但也感到悲哀。"该生越发尴尬地笑了，说道：

---

① 范梅南. 教学机智——教育智慧的意蕴 [M]. 李树英, 译. 北京：教育科学出版社. 2001：168.

"请老师最后再信任我一次,我以后一定不再撒谎。"①

从上述教育轶事中,我们可以看出教师的教育智慧,从学生的迟到行为当中,教师能够敏锐地洞察到学生的撒谎,并通过不断地追问,逐步揭穿学生的撒谎行为,迫使学生意识到自己行为的错误,从而使其真正改过自新。由此可见,富有教育智慧的教师能够敏锐地把握到学生的真实情况,主动出击,巧妙地将学生的搅局行为转变成教育学生的契机,从而达到育人的效果。富有教育智慧的教师在面对纷繁复杂的教育情境时,更容易展现出主动型教育机智,真正做到"兵来将挡,水来土掩。"

(二)被动型教育机智

如前所述,被动型教育机智是教育机智最常见的表现形态,也是多数研究者关注的焦点。被动型教育机智多半是教师在突发事件面前的被迫应对,是迫不得已必须做出的回应,往往表现为一种急中生智。被动型教育机智发生的情境有时源自学生对教师的挑战。当学生在课堂上故意让教师出丑时,很显然教师的权威受到了挑战,这种情境要求教师必须做出回应。下述教育轶事再现了被动型教育机智的基本特征。

有一位戴眼镜的班主任新到班级上第一节晨会课时,就发现黑板上画了一个戴眼镜的头像,旁边还写了三个美术字"四眼狗"。这位班主任开始时怒火中烧,额上的青筋都暴了出来,真想来个"新官上任三把火"、"杀鸡给猴看"。可是,他终于慢慢地冷静下来,控制住了即将爆发的情感。他扫视全班学生后,转身将黑板轻轻地擦干净,然后面对同学,笑眯眯地风趣地说:"黑板上的人头像画得不错,抓住了人物特点。画画的同学可能是为了向我和同学们显示一下自己的

---

① 李进成. 不怕学生搅局:教师的教育机智修炼之道[M]. 北京:中国轻工业出版社,2014:127-128. 教育轶事在引用时有所改动。

绘画才能，也可能是为了考验一下我和同学们的鉴赏能力。但是，不应该采取损伤别人人格的做法，更不应该用骂人的语言作为人物肖像的题目。"这时，学生们的目光一下子集中到了画画同学的身上。这位学生脸涨得通红，低下了头。班主任趁热打铁说："我想这位同学此时一定已经感觉到自己错了，不过不要紧，这位同学可以将功补过，把画画才能用在班级板报上。这样既可以表现、发挥和提高自己的绘画水平，又可以为班级服务，这该多好啊！"后来这位同学真的成了班上的一名称职的宣传委员，班级黑板报图文并茂，全校有名，师生感情也非常融洽。①

由上述教育轶事可以看到，教师的机智行为完全是对学生挑战的恰当巧妙的回应。当新来的戴眼镜的班主任走进教室，发觉迎接自己的不是热烈的掌声，而是黑板上画的"四眼狗"的讽刺画时，感觉到师道尊严遭受了学生的恶意挑衅，不由得"怒火中烧"，并产生了通过"新官上任三把火"、"杀鸡给猴看"的方式来树立自己权威的想法。但是，这位教师并没有追随自己的本能，放任自己的情绪，而是借机表现出了自己的教育机智。这位教师的教育机智在于，面对学生的恶作剧能够控制自己的情绪，并没有直接挑起师生关系的冲突，而是表扬了恶作剧者画画的特长，与此同时也指出了该生行为的不当，并把学生特长的发挥引导到为班级服务的正轨上来。由此可见，对于被动型教育机智而言，教师的机智行为往往是迫于学生的搅局或发难而对出乎意料的突发事件做出的被动应对。

在被动型教育机智发生的情境中，学生对教师的挑战还体现在对教师有意或无意的刁难，比如学生突然向老师提出难以解决的教学问题，导致

---

① 万玮. 班主任兵法（修订版）[M]. 上海：华东师范大学出版社，2009：220-221.

教师措手不及、被迫应对。比如在下述教育轶事中，正在上《难忘的泼水节》一课的孩子向老师提出了一个令人意外的问题，即傣族人民过泼水节多浪费水呀。其实孩子提出这样的问题也在情理之中，因为孩子总是根据当下的生活环境来理解学习内容的。有时孩子的提问会超出学科教学内容本身，而教师想要成功地应对这样出乎意料的事件，除了偶尔运用自身的教育机智外，很显然还需要广博知识的积累。尽管被动型教育机智只能应一时之急，但却能成就课堂教学的精彩。

在讲第十七课《难忘的泼水节》时，课文中写到，泼水节是傣族人民最盛大的节日，一年只有一次。接着就有一名男同学说："老师，他们为什么要过泼水节呢？那样多浪费水呀！"原本大家读完课文都在欣赏PPT中呈现的泼水节热闹的图片，沉浸在泼水节热闹的气氛中，一下子被他突如其来的一句话打断。在教学设计中我也没有预料到有人会问这样的问题，当时我愣了一下，随即回答道："泼水节是傣族人民的传统节日，是他们祖祖辈辈传承下来的，所以他们要过泼水节。至于你所说的浪费水可以这样解释，傣族人民主要居住在云南西双版纳，那里气候湿润，雨水较多，因为泼水节是一年一度的，是他们的传统节日，他们也知道水是非常珍贵的，所以他们也会在过节的同时保护水资源。"我不知道我的回答是否面面俱到，就尽可能地在传授知识的同时不让孩子觉得某些知识与他已有的认知是对立的。

【S2018－24b】

主动型教育机智与被动型教育机智是基于教育困境中教师所处优劣势地位或者是否掌握主动权来划分的。当教师在教育情境中占据优势地位，拥有主动权时，教师机智行为的倾向是主动的，旨在缓解或消除他人的困境，实现教育教学的创新。当教师在突发的教育事件中处于尴尬的被动地位，不具有主动权时，教师机智行为的倾向是被动的，旨在缓解或消除自身的困境，恢复教育教学的常态。但是，主动型教育机智与被动型教育机智的划分是相对而言的，如果教育者具有足够的智慧，是可以化被动为主动，从而在师生互动中占据主导权的。

本章结论

本章主要基于三种分类标准剖析了不同类型的教育机智。就教育机智的目的指向而言，可以分为教师本位的教育机智和学生本位的教育机智。教师本位的教育机智表现为对教师教育权威的维护，而学生本位的教育机智表现为对学生自尊心的呵护。就教育机智的生成过程而言，可以分为原生型教育机智和习得型教育机智。原生型教育机智很难追溯其发生的内在根源，多表现为一种缄默知识，而习得型教育机智多是建立在原生型机智基础上的再创，是可以言说的。就教育机智的行为倾向而言，教育机智可以区分为主动型教育机智和被动型教育机智。主动型教育机智更好地体现了教育者深邃的教育思想或智慧，是对教育事件主动巧妙的应对，而被动型教育机智多表现为教育者对各种突发的、意料之外的教育事件做出的应急反应。教育智慧是一个人比较稳定的能力或特质，而教育机智不具有稳定性，即教育机智不是一个人所拥有的稳定的能力，换言之，机智的教育者在某些情境下会表现出教育机智，而在某些情境下反而会感到束手无策，而富有教育智慧的教育者一般都会从容面对教育事件，拥有很强的掌控感。需要指出的是，上述关于教育机智非此即彼的分类只是为了分析的需要，并没有揭示出教育机智现象的全部。具体而言，对于第一种分类，学生本位的教育机智与教师本位的教育机智的目的存在着一致的可能性。抑或说，真正的教育机智是超越教师本位与学生本位的，无论源自教师的教育机智是维护教师自身的师道尊严还是为了学生着想，也不论源自学生的教育机智是为了维护学生自身的利益还是考虑教师的师道尊严，这两种类型的教育机智的最终目的都指向和谐融洽的教育教学关系。因此，对教育机智的理解应该超越教师本位或学生本位，走向主体间性。对于第二种分类，原生型教育机智与习得型教育机智也是相对而言的。原生型教育机智表现为教育行动主体的原创性，而习得型教育机智表现为教育行动主体的再创性。当原生型教育机智的生成根源能够被揭示时，它就转变成习得型教育机智，而当习得型教育机智成为教育机智再生的基础时，它就变成了原生型教育机智。对于第三种分类，面对突发的、无法预料的教育事件，被动型教育机智体现为一种被迫的应急，而主动型教育机智体现为主动从容的应对。换言之，被动型教育机智只有招架之功，而主动型教育机智却有还手之力。主动型教育机智与被动型教育机智的划分也是相对而言的，如果教育者具有足够的智慧，是可以化被动为主动，从而在化解人际关系的矛盾和冲突中占据主导权的。主动型教育机智也存在着被动的成分，当无法从容应对时，也有可能沦为被动型教育机智。富有教育智慧的人更容易表现出主动型教育机智，实现教育教学的创新。教育机智与教育智慧的关系是一个值得思考的问题。一般而言，我们会认同，教育机智是教育智慧的外在显现，智慧侧重于内在的思想，而机智侧重于外显的行为。智慧一般被认为是人的一种比较稳定的特质，而教育机智却不易表现出稳定的态势。尽管如此，我们认为，教育机智是教育者在遭遇突发事件时迸发出的智慧火花，教育机智不仅是一种思维方式，也是一种行动方式，概言之，教育机智是知与行的融合体，是一种体知，或者用舍恩的话来说，是一种"行动中识知"。所谓"行动中识知"（Knowning－in－action），就是通过行动所表现出来的"知道如何"，比如我们对如何骑自行车拥有一种行动中识知，通过反思可以将其转化为"行动中知识"（Knowledge – in – action）[①]。

教育机智三种基本类型的划分不仅为我们深入认识教育机智现象提供了不同视角，而且也为后续的研究奠定了基础。教师本位的教育机智与学生本位的教育机智的划分是为了探讨教育机智的根本目的，进而有助于探究教育机智与教育机诈的区分；原生型教育机智与习得型教育机智的划分是为了描述教育机智的生成过程，进而有助于阐明教育机智的生成路径；主动型教育机智与被动型教育机智的划分是为了分析教育者机智行为的倾向，有助于探讨教育机智与教育智慧的关系。

---

① 舍恩. 培养反映的实践者：专业领域中关于教与学的一项全新设计 [M]. 郝彩虹等，译. 北京：教育科学出版社，2008：22 – 23.

第三章

教育机智特征的分析维度

> 机智是一种实践性知识,它在教学的行动中实现自身(成为现实)。作为瞬间和智慧的教育行动,机智在其真正的实践中是一种知识、一种实践的信心。
>
> ——范梅南(《教育敏感性和教师行动中的实践性知识》)

为了进一步分析教育机智的根本特征,本章区分了教育机智的四个维度,即伦理维度、情感维度、创造维度和实践维度。教育机智的伦理维度旨在说明教育机智的规范性;教育机智的情感维度旨在阐明教育机智的情境性;教育机智的创造维度旨在说明教育机智的创新性;教育机智的实践维度旨在阐明教育机智作为一种实践性知识的特征。此外,本章还基于非教育机智事件批判反思的维度来揭示教育机智所不可缺少的特征。

一、教育机智的伦理维度

教育机智的伦理维度指向教育的善,体现了教育机智的规范性,是衡量真正的教育机智与虚假教育机智(或教育机诈)的重要标准。范梅南对真正的教育机智与虚假教育机智的区分进行了论述。他认为,"施加带有

灵机一动中迸发的智慧火花　>>>

虚伪的和自私的影响的机智是虚假的机智。虚假的机智不是受爱护和为他人着想的动机驱使的。相反，虚假的机智是为了自我。……机智与虚伪、欺骗、贪婪、占有和利己主义等都不相容。"① 他还认为，"从教育学上说，虚假机智的动机是为了孩子利益之外的某种别有用心的目的去捉弄和控制孩子。捉弄和控制性的机智从这个意义上说，就是错误的和虚假的。"② 接下来，我们将通过对比几个案例来思考教育机智与教育机诈的区分，并对范梅南的论述进行批判性反思。

在语文课堂教学中，教师关于某个字词的读音、写法难免会出现错误，一旦被学生指出来，或者突然受到学生的质疑，教师不可避免地会陷入被动的局面和十分尴尬的境地。当面临这种突发情况带来的尴尬时，教师该如何应对呢？怎样做才算是机智的行动呢？下面的教育轶事会给我们一些启发。

在上《猫》这一课时，我在读准字音这个环节将生字词展示在了多媒体课件上，为了加深印象，我让全班同学齐读生字词。读完之后，突然有一个学生问道："老师，'潜'好像不是读三声，应该读二声，您讲错了……"这个时候，我立刻意识到我出现了教学失误，备课的时候不够认真，也没有对"潜"这个生字查字典。我先是把那位提出疑问的同学的话重复了一遍，然后对全班同学说："究竟这个字的正确读音是什么呢？我们一起来查字典，揭晓最终的答案。"然后，我和同学们一起查字典，得出了结论："潜"字应该读二声。最后，

---

① 范梅南. 教学机智：教育智慧的意蕴[M]. 李树英，译. 北京：教育科学出版社，2001：179.
② 范梅南. 教学机智：教育智慧的意蕴[M]. 李树英，译. 北京：教育科学出版社，2001：181.

我笑着说:"非常感谢刚才指出老师错误的同学,如果不是他,我还意识不到自己的错误呢,大家要向他学习,敢于质疑,掌声送给她。在我们的语文课中还有许多容易读错的字音,老师来考考大家,发酵(jiào),吮吸(shǔn),氛围(fēn)等等。"【S2018-19】

在上述教育轶事中,教师出现了教学失误却没有意识到,直到这种教学失误被学生当众揭穿。当教师在课堂教学中突然被学生当众揭丑时,无疑会陷入十分尴尬的境地。要摆脱这种被动的教育困境和教学危机,教师需要发挥自己教育机智。这位教师的教育机智表现在,她在自己不确定读音的情况下求助权威,即动员学生们查字典来确认"潜"字的真正读音,在确认自己的教学失误后,她并没有为自己的教学失误辩护,而是坦然地承认了错误,并且对挑错的学生表示感谢,顺势表扬了学生的学习精神,对其他同学也是一种鼓励。这位教师的教育机智还在于,她把自己的教学失误巧妙地转化为具有教育意义的情境,从而与自己的教育教学完美地融合在了一起。比如,这位老师因势利导地教育学生,"在我们的语文课中还有许多容易读错的字音,老师来考考大家,发酵(jiào),吮吸(shǔn),氛围(fēn)等等",从而将教学失误转变为教育的契机。在这则教育轶事中,这位教师的教育机智的伦理维度体现为对学生的坦诚与宽容。

与上述教育机智发生的情境稍有不同,在下述教育轶事中,学生在朗读时遇到了生字不会读而求助于教师,当学生们求助的眼神聚焦于教师身上时,教师却发现自己也不会读,在这种情境下,教师面临着课堂教学的危机。如何在短暂的时间内巧妙地化解教育危机考验着教师的教育机智。

在上课外名著《西游记》时,为了让学生更好地学习,我将知识内容制作成PPT展示在多媒体上。为了加深印象,我还让学生们齐读了《西游记》的内容介绍。然而,在读到西天取经成功后师徒四人的封号

灵机一动中迸发的智慧火花 >>>

时出现了意外。在读到唐僧的封号时，学生们因为不认识那个字停了下来，我抬头一看，那个字我也不记得怎么读，我先跳过那个字，问道："这是什么檀功德佛？有人认识吗？"短暂的沉寂之后无人回应，果然没有人认识。在一堆人困惑的眼神中，我打趣道："果然仙家的称号都不同凡响，究竟这个称号该怎样读呢？让我们一起来查阅一下字典，来揭开这个字的神秘面纱吧。"随后在师生的共同查证之下找到了答案："旃"字读"zhān"。最后我笑着总结说："唐僧经历九九八十一难之后被封为了旃檀功德佛，而我们只历经了一难就找到了这个字的读音，可见我们的学习还是很容易的，那也告诉我们，在阅读中遇到不会的字时，我们要学会请教身边的小老师，不要忽略它了。"在语文教学活动中，教师难免会有失误，但只要方法得当，就可以将这种尴尬化解于无形之中了，并且可以延伸教育。【S2018-20】

在语文课堂上，学生齐读时遇到了生字"旃"不知道怎么读，而停下来求助于老师时，这位老师发现自己也不知道怎么读，当所有期望的眼神聚焦于教师身上时，教师自然会处于尴尬的境地。很显然，教师本能地跳过"旃"字，反而求助于学生，"这是什么檀功德佛？有人认识吗？"教师这种欲求助学生化解尴尬的尝试遭遇到的是学生沉寂的回应，学生困惑的眼神告诉她，这种求助失败了，从而使教师陷入更加尴尬的窘境。如何化解这种突如其来的教育危机呢？这位教师打趣道："果然仙家的称号都不同凡响，究竟这个称号该怎样读呢？让我们一起来查阅一下字典，来揭开这个字的神秘面纱吧。"最终，通过师生共同的努力查找到了答案："旃"字读 zhān。这位教师的教育机智同样体现在，将遭遇的教学困境和危机巧妙地转换成富有教育意义的事件，即老师不失时机地对学生进行了教育，她对学生说道："在阅读中遇到不会的字时，我们要学会请教身边的小老师，不要忽略它了。"借此，教师教会了学生如何学习，达到了教育的目的。正如这位教师所言，"在语文教学活动中，教师难免会有失误，但可以将这种尴尬化解于无形之中，并且可以延伸教育。"从教育机智的伦理维度分析，这位老师在化解教学危机的机智行为中有意无意地掩饰了自己的教学失误，没有坦诚自己的无知，但是教师也并没有有意操纵利用学生的动机。

  下述教育轶事描述了类似情境中教师的教育机智。教师在课前虽然认真备课，但有些疏忽也在所难免，比如，老师由于自己的疏忽，忘记了查生字"槱"，在讲课面对生字时不禁陷入了尴尬的局面，但是这个"槱"字又不能绕过，于是便"傻了眼"。如何机智地化解困境？这位老师同样选择了求助学生，无奈学生反而又求助老师，危急时刻，学生课桌上的《现代汉语常用词词典》给了她启发，即通过让学生查阅词典来化解自身的教育危机。

  开学初，我们刚刚学到第二课中《再别康桥》这首诗，我在课前做了大量准备，比如搜集了作者的人生经历、奇闻异事，针对诗歌鉴赏也预设采用朗读与情感体悟结合的方式引导学生自己赏析。在制作课件时，作者基本介绍中有这样一段文字：徐志摩，原名章垿，字槱森。当时将这段话复制到课件上时我已经想到要查字音，但急于先做出课件当时就没有查，等课件做完从前到后梳理时只注意了思路是否完整，以及标出特殊颜色、字体的字，将"槱"字忽略了。拷完课件准备好材料便只想着上课。授课当天，当PPT翻到这一页的时候，我便傻眼了，作者介绍是绕不开这句话的，无论是我说还是让学生讲，我都要解决这个字。最后我还是选择了让学生读，因为在播放这一页PPT时，我恰巧看到了孩子们桌子上放着前一天刚发下来的《现代汉语常用词词典》。果然读到这个字时,范读的孩子停下来了,全班孩子都望着我,等我给读音。这时,我便对学生说了这样一句话:"来,大家翻开刚发的词典,看看谁能先找到这个字。"学生们立刻开始查工具书并很快得到了答案。借此机会,我也告诉学生们,学习过程中会遇到很多不会的问题,如果只张口问别人要答案,而没有自己先寻找思考的过程,答案仍只是答案,不会成为自己已学会的知识。"

【S2018-22a】

由上述教育轶事可以看出,教师的机智行为不仅成功地化解了课堂危机,而且掩饰了教师的无知,并对学生进行了一番教育,达到了比较好的教育效果。从教育机智的伦理维度来看,教师故意掩饰了自己的无知,显得不够坦诚,但由于没有受到学生的质问,教师的行为也谈不上撒谎。

从上述几则教育轶事的对比中可以看出,在相似的教育情境下,不同教师表现出的教育机智也具有一定的相似性。这几位教师在课堂教学中遇到了不认识的生字词时,都通过巧妙的方式化解了自己的尴尬和危机。虽然这几位教师都表现出了自己的教育机智,但是就教育机智的伦理维度而言,只有第一位教师坦然承认了自己的无知,并且表扬了质疑的学生,同时借机教育学生要有质疑的精神。第二位和第三位教师在遇到不认识的字词时,有意无意地掩饰了自己的无知,由于没有暴露出自己的教学失误,不可能引起学生的质疑,因而并没有陷入被动应对的局面。换言之,第二位和第三位教师在某种意义上掩饰了自己的无知,并联合学生一起化解了这种危机,虽说没有欺骗学生,但至少表现得不够坦诚。尽管如此,由于他们并没有有意操纵、控制或者伤害学生的动机,我们依然认为这两位教师的行为属于教育机智的范畴。如果说他们表现得比较机智,掩饰得比较自然,不易被察觉的话,那么下面教育轶事中的老师对自己无知的掩饰则非常明显。

在七年级数学上册第一单元中,有一课时的内容是科学记数法。课堂上,我分别在两个班出现了不同的尴尬。二班是第一节课,在常规复习了乘方概念后,我引入了本节课内容——利用特殊的乘方形式来表示较大数字。在学习了概念后,有同学问我:"老师,为什么是'记'数法,而不是'计'数法?"当时我有一些愣住了,科学记数法的简单和熟悉让我几乎没有备课就进了课堂,更何况这是个"语言文字"上的问题。好在当时,我机智灵活地反问孩子:"你们觉得用'记'还是'计'?"反问的同时我板书了这两个字。学生发言时,我也回过神想到了缘由。随后我告诉学生,是"记录"而不是"计算",并表扬了这个孩子的关注、认真的态度。

而在一班,我却没有顺利地表现出机智。在记数数数位时,有同学问我:"老师,亿之后没有计数单位了吗?"我并不知道后续单位的进制,只知道古时有兆、垓等,当时内心羞愧的我强作镇定地说:"这个问题很棒,但我不告诉你们,今天下去自己查一查?"就这样,也算是蒙混过关了。从这节课当中,我明白了,学生思维灵活多变,备课很重要,其次多些延伸,他们更感兴趣。【S2018-2】

上述教育轶事反映了一位数学教师在不同的班级上课时遇到的不同尴尬。在二班,她被学生突如其来的问题——"老师,为什么是'记'数法,而不是'计'数法?"——问愣了,很显然对于学生的数学疑问,老师从来没有思考过。他的机智体现在把学生的问题又抛向学生,通过反问学生——"你们觉得用'记'还是'计'(板书了这两个字)?"——而为自己赢得了思考的时间,并成功地回答了学生的难题,还借机表扬了提问学生的学习态度和精神。但这位老师在一班讲课时,自认为没有表现出教育机智来，因为她被学生的问题——"老师，亿之后没有计数单位了吗？"——问倒了。在无法解决这个问题时，她采取了掩饰自己无知的方法来化解自己的尴尬，即对学生说："这个问题很棒，但我不告诉你们，今天下去自己查一查？"当学生没有察觉时，教师似乎表现得很机智，但是内心还是充满羞愧的。教师的教育机智虽然暂时掩饰了自己教学的缺陷和不足，但是只有教师自己知道，自己的专业能力有待增强，因而会产生一种羞愧的感觉。同时，这则轶事也说明了同一个教师并不能在所有突发的教育情境下都表现出教育机智来。有研究者以此为依据否认教育机智是教师所具有的一种能力，因为能力具有稳定性。这种观点值得商榷，因为教育机智发生的情境各不相同，如果在相似的情境中，教师往往会表现出相似的教育机智来。从教育机智的伦理维度而言，教师并没有为自己的教育机智而沾沾自喜，而是有一种羞愧的感觉，因为这位教师故弄玄虚、欺骗学生的意味更浓些。在下述教育轶事中，教育者同样感到羞愧与自责，因为教育者看似机智的行为中掺入了自己对学生的利用与操控。

在一节语文录像课上，我准备的教学篇目是《两个铁球同时着地》。首先我让学生自读课文，识别字词，了解文章大意，紧接着带领大家品析课文，讨论伽利略的观点。这部分内容是这篇课文的重难点。在我的引导下，孩子们很快找到了这段话中的两个"如果……就……"。我还不失时机地用动画课件展示出伽利略的两个猜想，一切都是那么顺利，课堂教学井然有序地进行着。课文学习接近尾声时，我终于如释重负，心里不禁暗喜，谁知高兴过了头，我边总结边板书，当说到伽利略"坚持真理，敢于质疑"的时候，大脑一片空白，"疑"字一下子忘了，短短的几秒钟，大脑像过了电般。可是我已经强调了，怎么办呢？如果我不将这两个词板书在黑板上，这就成了录像课的一次败笔,就在举手无措时,突然看到课代表认真等待着我,我灵机一动,不妨叫课代表来板书吧。于是,我就叫她上来替我板书,果不其然,她为我解了围,化解了我的尴尬。当我看到课代表工工整整,端端正正的板书时,我的内心是羞愧的,我是为了解围才给她板书机会的,可她却是抱着展示自我的机会上台的,她并不知道我内心的处境。在后面的教学中,我会经常叫孩子们上来板书,因为孩子们想把他们最好的一面展示出来。【T2018-3】

我们可能对上述教育轶事中,那位教师在课堂教学中因突然遗忘字词而陷入的教学困境感同身受。教师的确可能在即兴的课堂教学中出现思维短路,突然忘记某个字词或者忘记自己想要说的话等情形。当这位老师想要板书"坚持真理,敢于质疑"的时候,大脑突然一片空白,"疑"字一下子忘了,从而陷入举手无措的尴尬境地。这时语文课代表注视的目光让教师灵机一动,随即产生了让课代表化解自己危机的想法。虽然课代表成功地为老师解了围,但是这位老师的内心充满了愧疚,因为她觉得利用或欺骗了学生,尽管学生并不知情。由此可见,这位老师对自己的机智行为并不太认同。范梅南也说过,"机智没有欺骗或利用他人达到自己目的的动机。"[1] 但是范梅南也提到,做到机智要不要撒谎其实跟"撒谎"的界定有很大关系。他说,"在试图做到机智时你可以撒谎吗?对于这个问题的答案要看我如何来确定'撒谎'的含义。"[2] 因此,这位教师的行为是否机智取决于我们的道德认知,特别是对"利用"一词的理解。其实这位

---

[1] 范梅南. 教学机智:教育智慧的意蕴[M]. 李树英,译. 北京:教育科学出版社,2001:181.
[2] 范梅南. 教学机智:教育智慧的意蕴[M]. 李树英,译. 北京:教育科学出版社,2001:180-181.

教师求助学生为自己解围,并没有刻意利用、欺骗、捉弄或者伤害学生的主观意图,也没有产生相应的后果,而且教师瞬间的应急行为也很难上升到道德评价的高度。显而易见,这位教师的内心之所以充满自责与愧疚是与其道德认知紧密相关的,她认为,学生回答问题应该是为了展现自我而不是为教师解围,因此教师提问学生渗透着对学生的利用。但是,教师的教育机智行为不能仅仅指向学生,还可以指向教师自身,化解学生的尴尬和困境需要教师的教育机智,同理,摆脱教师教学的危机也需要教师的教育机智。在多数情况下,教师只能借助自己的机智来摆脱困境或尴尬,而在实现机智的过程中是可以诉诸学生智慧的,因为教学是师生之间的人际互动,而不是教师单方面的表演。只有师生之间的默契互动才能更好实现课堂教学的真正生成。基于此,我们认为上述教育轶事所描述的教师行为仍然属于教育机智的范畴,正是教师的教育机智才获得了录课的成功。

教育机智的伦理维度是建立在对教育本质的深刻洞察基础之上的,体现了教育机智的规范性,反映了教育机智本质的重要方面。教育机智作为一闪而现的教育行动无论指向教师抑或学生都不是最终的目的,教育机智与其说是为了维护教师的专业权威或者学生的自尊,不如说是为了维护良好的教育教学关系。因此,无论教育教学的危机或困境是由教师造成的,还是由学生引起的,抑或是由不可控的外在环境导致的,面临困境或尴尬的不应该仅仅是教师,还应该有学生,教育危机的化解需要师生共同的智慧。实现教育教学活动的目的才是教育机智最大的善。

在上述教育轶事中,教师虽然成功化解了教育教学危机,但是并没有成功的喜悦,教师内心感觉到的是自责和愧疚,因为她觉得自己是通过欺骗和利用学生的方式才走出了教学困境,虽然教师达到了预期的目的,成功化解了教育教学危机,但是她的动机并不是为了学生,尽管客观上促进了学生的发展,也具有教育的意义。这位教师存在的问题在于,他将一念之间的想法或者瞬间做出的行为赋予了过多的道德意蕴,或者说她并没有认识到教育实践最大的善是什么。很显然,化解学生困境的教育机智体现了教师对学生的爱和尊重,但是教师处理自身问题的教育机智关注的焦点在哪里呢?教师在面临教育教学危机时,关注的焦点在自己身上,想尽一切办法来化解突如其来或出乎意料的挑战。相比较而言,教师拯救学生表现出的教育机智要比解决自身危机表现的教育机智显得更从容淡然。但是,教师在化解自身的教育教学危机时,能否借助于学生的力量呢?毫无疑问是可以的。正所谓教学相长,师生共生,师生是互相成就的。

基于教育机智的传统理解,即"事件的突发性、处理的迅速性、效果的良好性",上述教育轶事中教师的行为当属于教育机智的范畴,如果强调教育机智的伦理维度的话,上述教师的行为是否属于机智就显得扑朔迷离,因此成为一个值得深入探讨的典型案例。在上述案例中,如果教师解决自身困境的出发点是为了让学生展现自己的才能,那么教师就不会产生愧疚的心理,尽管就机智行为的外在表现而言并没有什么不同。相比较而言,基于学生的困境而表现出的教育机智,教师要为学生着想比较容易,基于处理自身困境或危机的教育机智,教师仍然要为学生着想会非常地困难,这对教师而言是一种巨大的挑战。

当我们回顾上述几则轶事时,我们发现有的教师不知道字的读音时,会巧妙地借助于学生查字典来解决,但是这里面就没有教师的愧疚。原因何在,当师生都不认识某个字时,教师借机让学生查字典解决,并让学生学会学习,这里面更多展现的是教师对学生的求助,利用的不是学生而是字典来解决自己的困境。很显然,教育机智的伦理维度主要反映的是师生之间的教育关系、一种特殊的人际关系,欺骗和利用是人际关系的大忌,但是人与物的关系，在很大程度上就是利用的关系，借助于物达到自己的目的。人与人之间的关系不同于人与物的关系。马丁·布伯将人与存在者的关系分为"我－你"和"我－它"，"我－它"关系体现了人对物的一种利用关系，而"我－你"体现了主体际关系，并且认为师生关系是"我－你"的关系，尽管这种关系不必具备完满的相互性。布伯说，"真正的教师与学生的关系便是这种'我－你'关系的一种表现。为了帮助学生把自己最佳的潜能充分发挥出来，老师必须把他看作为具有潜在性与现实性的特定人格，……这就要求老师要随时与学生处于二元关系中，把他视作伙伴而与之相遇。……他不仅须从自己一方，且也须从对方的角度，根据对方一切因素来体会这种关系。……很明显，如此一种教育关系不可能具备完整相互性。"① 何光沪评价马丁·布伯的思想时说，"'我－你'关系是一种亲密无间、相互对等、彼此信赖、开放自在的关系。'我－它'关系是一种考察探究、单方占有、利用榨取的关系。在'我－你'关系中，双方都是主体，来往是双向的，'我'亦取亦予。在'我－它'关系中，'我'为主体，它为'客体'，只有单向的由主到客，由我到物（包括被视为物的人）。"② 教育机智的伦理维度表明，一种真正的师生关系是一种"我与你"相互成就的关系，而不是"我与它"的利用关系。当把人与人的关系当做人与物的关系时，更容易产生良心的不安与愧疚。尽管如此，我们依然认为，教师的这种行为属于教育机智的范畴，因为教师不仅巧妙地借助学生化解了自己的教学危机，走出了教学困境，而且让学生的才华得以呈现，达到了良好的教学效果，并且没有使学生感受到伤害。下述教育轶事展现了教育机智伦理维度的复杂性，探讨教育机智不能忽略学生的学习体验。

---

① 布伯. 我与你 [M]. 陈维纲, 译. 北京: 生活·读书·新知三联书店, 2002: 114-115.
② 布伯. 我与你 [M]. 陈维纲, 译. 北京: 生活·读书·新知三联书店, 2002: 125.

这学期开学不久,学校迎来了一批师范实习生,我负责带的"徒弟"姓郭,是一个满脸稚气的女孩子。

由于实习生的实习期很短,为了让小郭尽快与学生熟悉,第三天我就让小郭去班上与学生们见面。小郭在做了简单的自我介绍后,开始点名。但她在点到"杨永燊"这个名字时,前面两个字已经读出了口,这第三个字就被难住了,一时间,小郭站在讲台上不知所措,脸憋得通红。

坐在教室后面的我暗暗着急,怪自己太粗心,仓促之间竟然忘记把点名时的"机智"传授给她。在杏坛呆了几年的教师,都积累了一些应对突发事件的"教育机智",比如在点名时遇到学生名字中有不认识的字时,故意把名字漏读,等点完名后再问:"还有没有哪位同学没点到?"被漏点的学生就会站起来,老师便趁机请他作自我介绍,这样既巧妙地知道了字的读音,又不会在学生面前丢脸。

一时,教室里的空气仿佛凝固了。一分钟后,小郭抬起头对全班学生说:"对不起,我不认识这个字,同学们能告诉我吗?"说着她在黑板上工工整整地写下了那个"燊"字。

"老师!这个字读 shēn,我叫杨永燊(shēn)。"一个男孩站起来大声说。

男孩的情绪显得有些激动,他接着又说:"郭老师,您是我见过的最诚实的老师,因为从小学一年级起,老师在第一次点名时,都把我的名字漏掉,然后让我自己说出来。今天,您教会了我诚实!"话音刚落,教室里立刻响起了雷鸣般的掌声,孩子们用清澈的目光给不

灵机一动中迸发的智慧火花　>>>

懂得"包装"自己的实习教师行注目礼。①

上述轶事留给我们的是对教育机智伦理维度的深刻思考：什么才是真正的教育机智。一个"不机智"的实习教师却赢得了学生的肯定，并且对学生产生了积极的教育影响。我们可以想象，这个叫"杨永燊"的孩子第一次被老师点名时，教师所表现出的教育机智。对于孩子来说，多半会相信老师在点名时真的是不小心漏掉了自己的名字，从而出现自己介绍自己的情形。但是当许多老师们一次次故伎重演时，很显然，这种拙劣的伎俩难免不被学生识破，进而感觉到教师的虚伪。因此，被这些老师们自诩的"教育机智"实际上变成了学生早就看穿的伎俩。当这位缺乏经验的实习教师与这个孩子相遇时，遇到了与其他老师同样的难题，即不知道如何读出这个孩子的名字，无奈之下只好承认自己的无知，没有想到的是却赢得了孩子的肯定。这带给听课的指导教师的是心灵的震撼和反思，教师维护师道尊严的虚荣心，产生了所谓的教育机智，而这种机智不仅没有获得学生对教师的尊重，更没有对学生产生任何积极的影响。恰恰实习教师最本真、最坦诚的表现赢得了学生的尊重。可见，建立在虚伪基础上的机智是不能长久的。

在论述教育机智的伦理维度时，不可避免地会涉及伦理学的难题。在处理师生关系时，善意的谎言可以存在吗？很显然，如果从康德先验伦理学的角度而言，道德律令是一个普遍的法则，不允许特例的存在，即人在任何情况下都不能撒谎，如果允许特例存在的话，那么每一个人都会视情况而决定是否要诚实。因此，撒谎即便是善意的也是不允许的，这是从伦理学建构的角度而言的。但是在道德实践过程中，很多人都会认同或践行

---

① 叶田房，郭淑英．"教育机智"的误区［J］．江西教育，2008（2）：45.

善意的谎言。真正的善是善的动机、善的手段与善的结果的统一。毋庸置疑,这是伦理与道德的完美境界、一种理想状态,而善意的谎言是出于善的动机,运用非善的手段谋求善的结果。从这种意义上说,善意的谎言并非真正的善,但是从维护人际关系的角度,善意的谎言的确能够带来良好的效果,不论是维护日常生活中的人际关系,还是维护师生之间的教育教学关系。机智的本意在于巧妙地维护人际关系,特别是为他人着想。在教育机智中,教师为学生着想,也许会采用善意的谎言的方式,从而达到维护学生自尊的效果。

如前所述,当一个小孩子在课堂上尿了裤子时,同桌指着地上的一摊水问老师,怎么会有水呢?当所有的目光都聚焦于那个小学生附近时,老师并没有询问究竟是怎么回事,也没有揭发学生,更没有当众批评学生,而是注视着座椅上挂着的书包侧兜里的水杯,问那个小学生是不是水杯漏了,其实教师这么问也并不是要寻求学生的回应,而是给其他好奇的孩子们一个交代,从而为这个孩子化解了危机,并借机把孩子叫出教室,帮助孩子换掉尿湿的裤子。由此可见,教师的教育机智维护了孩子的自尊心,避免了同学们的嘲笑。教师的动机是善的,她并没有如实告诉其他同学实情,或者说欺骗了想知道真相的其他同学。尽管如此,教师机智的行为的确呵护了那个孩子的心灵。所以,我们认为教师行为虽然夹杂着善意的谎言,但仍然属于真正的教育机智的范畴。

教师善意的谎言不仅在于维护学生的自尊,还在于维护良好的教学关系,促进学生的学业发展。当学生问老师,"你知道我的名字吗?"教师善意的谎言激发了学生的兴趣和积极性。教师肯定的回答与其说是为了化解自己的困境,不如说是为了促进孩子的学习。下述教育轶事恰恰说明了这一点。

灵机一动中迸发的智慧火花 >>>

事情发生在 2018 年 3 月我赴农村小学支教期间，学校安排我担任了三年级的综合实践课。铃声响起，我拿起书本走进教室，同学们似乎没有注意到老师的到来，依然沉寂在下课的欢乐中。铃声停了，孩子们的吵闹也随之停了下来，安静地坐在自己的座位上，开始关注我这个新老师。在简单的自我介绍以后，我开始了本节课的教学内容。由于课程的需要，我将本节课的主要教学方法放在了小组讨论上，在最后的二十分钟，我让学生们小组合作完成一项课堂手工作业。在学生们讨论完成作业的间隙，我随手翻看着孩子们的花名册，有一个孩子的名字使我产生了兴趣，他的名字与我高中同学的姓名竟然相同，对比了教室墙壁上的照片之后，我就不自觉地记住了他。在小组讨论中，总会有个别孩子的思想不在其中，不参与或是干自己的事情。我发现这名同学正在玩自己手中的小车，便脱口而出："斐凡，你在干什么啊，手工完成了吗？"这时，我发现许多同学都盯着他，随后又看看我。"老师，你认识我吗？为什么知道我的名字？"他表现出一副惊奇的样子，显得十分高兴。突然我听到另一边传来的声音："老师，你为什么知道他，不知道我，我是班长，而且是高老师的儿子啊！"听到这儿，我忽然意识到，第一堂课记住孩子们的名字是多么重要。我在脑海里简单想过之后，告诉他说："老师知道你呀，也知道所有同学的名字，这节课大家表现得都很好，下节课，你们可以考考老师，看看老师记不记得你们的名字。"这节课后面的时间似乎过得很快，孩子们也十分活跃，都争先恐后地展示自己小组的作品，都想上台，无论是表现自己还是展示作品。

在这堂课上，就学生提出的两个简单问题而言，我不敢说我的回答是最机智的，但我意识到记住孩子的名字对于他们来说尤为重要，他们会认为老师在关注自己，关心自己。老师的一言一行中所透出的关心和关注可能会让学生喜欢上一堂课，甚至喜欢上学习。【S2019-18】

教师能够在第一节课记住并能喊出学生的名字，对于学生而言是一件倍感欣慰的事情。不论是学生在课堂上表现突出获得表扬时，还是学生违反课堂纪律遭受批评时，教师能够点出学生的名字不仅会让学生感到意外，而且能够让学生感觉到老师对自己的关注和重视。上述轶事中，一个孩子因违反课堂纪律而被老师点名，表现出十分地惊奇，因为新来的老师居然认识自己。但是这个孩子并不知道，老师之所以能喊出他的名字实际上是因为他的名字比较特殊，引起了老师的好奇而已。老师的这一举动引发了一个意想不到的情况，即另一个同学反问老师："老师，你为什么知道他，不知道我，我是班长，而且是高老师的儿子啊！"这无疑让教师感觉到记住孩子的名字是一件多么重要的事情，为了不让孩子失望，这位老师并未向学生说实话，而是向学生撒了谎，她对这位学生说道："老师知道你呀，也知道所有同学的名字，这节课大家表现都很好。"我们可以看到，这是一种善意的谎言，因为在谎言中蕴含着一种不让孩子失望的承诺："下节课，你们可以考考老师，看看老师记不记得你们的名字。"所以，从教育机智的伦理维度讲，这种善意的谎言显现出一位新手教师别样的教育机智。

由此可见，教育机智的伦理维度是一个十分复杂的问题。在更大的善面前，可以允许教师有"两害相权取其轻，两利相权取其重"的灵活考量。教育机智与虚伪、狡诈的区分在哪里？在以往关于机智的研究中，很多人都关注教育机智的标准问题，即怎样做才算是真正的教育机智，而不是教育机诈。范梅南提出以儿童的学习体验作为衡量的标准。教育机智真伪的区分以儿童的学习体验为标准没错，但是否有其他标准呢？如果从教

灵机一动中迸发的智慧火花　>>>

师的角度看，有必要考虑教师自身的标准。教师的标准包括维护师道尊严，促进教学的顺利开展。范梅南教育现象学的一个最重要贡献，就是把学生（似乎是一个不能发声的弱势群体）的学习生活体验纳入学术研究领域，但是教师在教育场域中的生活体验也应该加以研究，因为师生共生，相互成就，教学相长。教育机智不能剥夺学生的利益，也不能忽视教师的福祉。教育不仅仅为了学生，也应该为了教师自身。王华婷认为，与一般的机智不同，"教学机智是师生主体间实践的本质展现，是教师在面对教育教学的不确定情境状况时不失时机地进行意义创生，即在具体的教育教学情境中以合乎适宜的行动对意义的即兴创作和瞬间生成。"① 由此可见，教育机智的标准应该超越"学生本位论"或"教师本位论"而走向"主体际性"。

　　在下述教育轶事中，教师的教育行为虽然表面上取得了良好的教育效果，但是其行为的动机在于挽回自己颜面，避免学生的嘲笑，采取的手段是欺骗学生，从行为的后果来说，可能会影响教师在学生心目中的形象，不利于师生关系的维护。因此，教师的这种行为并不能称为真正的教育机智，而是一种教育机诈。但是从教师巧妙地借助教学失误生成教育资源，并对学生产生积极的教育影响而言，教师的行为富有一定的教育机智。

　　　　记得大三那年去支教，我带的是小学古诗文课，那是一个炎炎夏日的下午第一节课，我走进班里问同学们："大家都知道重阳节吗？重阳节的时候，我们都会做些什么呢？"这时大家都七嘴八舌地开始讨论，然后举手回答说："重阳节我们要赏菊、跟家人团聚……""哎对，重阳节是团圆的日子，那么今天就跟着老师一起学习《九月九日

---

① 王华婷. 主体间实践视角下教学机智的生成逻辑研究［D］. 西安：陕西师范大学，2013：16.

亿（忆）山东兄弟》这首诗，看看在这一天诗人王维是怎么度过的，有着怎样的情感体验。

话音刚落，班里有位男同学突然大声说道："老师，老师你写错字了。"这时班里所有同学的注意力都被吸引过来，有哈哈大笑的，也有说老师都写错字的。其实当时我并没有注意到写错字，被班里同学这么一说才反应过来，自己也感到有点尴尬，不知所措，于是就笑着说："哎，甄勇表现得非常好，很快发现了问题，其实这是老师故意写错的，目的是想看看同学们能不能很快发现错别字并把正确的写出来。那么现在谁在黑板上把正确的"忆"字写出来呢？"很快我就请了一位同学将正确的"忆"字写到了黑板上。随后，我还结合这首诗的内容问同学们："'忆'是什么意思呀？"同学们展开了热烈的讨论，有说"回忆"的，也有说"思念"的。同学们热烈的讨论不仅缓解了我的尴尬，还让学生加深了对这首诗理解。

通过这件事，我反而觉得自己的小失误让学生更加深刻地记住了"忆"字，学会了区分"亿"和"忆"，这两个字虽然读音相同，但是偏旁不同，用法也不同。同时我还觉得自己的小失误达到了意想不到的教学效果，毕竟当时是下午第一节课，孩子们都很瞌睡，就因为我这样的小失误，同学们都被逗笑了，打起精神跟我一起走进了课堂教学。【S2019-16】

按照朱国玉的标准，上述轶事中老师的行为表现不能称之为教育机智而是教育机诈。他指出，"有个别教师在教学中出现了错误，例如在黑板上写错了字而被学生指出来的时候，不是老老实实地承认自己的粗心，而是狡黠地对学生说：'这是我故意写错，想让你们来辨别的，现在有同学看出来了，很好……'通过这种方式，教师可能'巧妙'地把自己的错误掩饰过去了，但这绝不是教师教育机智的表现，而只能说这是教师的教育机诈，是不可取的。"① 教育机智与教育机诈在外在表征方面有可能是完全相同的，比如在上述轶事当中，如果那位教师真的是为了吸引学生的注意力而有意犯错的，那么我们会认为该教师的行为可以称之为教育机智，但是从外在表征来看，教师的言行没有任何变化。如果教师在课堂教学中被学生突然指出"老师你写错了字"时，教师无疑被置于尴尬的境地，而教师的说辞——"哎，甄勇表现得非常好，很快发现了问题，其实这是老师故意写错的，目的是想看看同学们能不能很快发现错别字并把正确的写出来。"——无非是为了巧妙地摆脱自己的困境。这位教师的教育机诈主要体现在，她试图通过欺骗的方式挽回自己的颜面。而她机智的地方主要体现在将自己的教学失误转变成了课堂教学的一种资源，从而调动了学生学习的积极性。欺骗学生体现了教育机诈，而借教学失误生成教育资源则体现了一种教育机智。因此，从教育机智的伦理维度上讲，这位老师的课堂教学行为当中夹杂着教育机诈与教育机智。教育机智与教育机诈的外在表征也许非常相似，因此，要想准确地识别教育机智和教育机诈必须从教育行为的动机、手段和效果诸方面进行综合的考量。

　　小结：伦理维度是考量教育机智的一个重要标准，但是伦理道德本身又是一个非常复杂的问题，它涉及什么是真正的善，之所以考虑伦理，是因为教育的原初意义就是"养子使作善"。我们认为完满的善应该是善的动机、善的手段与善的结果的统一，但是在实践中，完满的善的实现具有很大的难度。在日常生活交往当中，善意的谎言也是被认可的，只要存在善的动机，能够实现善的结果。教育机智的伦理维度从实践的角度而言是

---

① 朱国玉. 教育机智初探 [J]. 江西师范大学学报，1995（2）：82.

可以允许善意的谎言的，因为它本身不是目的，而是手段，是为了获得更大的善。教育机智允许"两害相权取其轻，两利相权取其重"的灵活考量。至于不同的教师在同一学生身上不断地故技重施，美其名曰为教育机智时，却被学生打脸，反而不具教育机智的实习教师的坦诚却赢得了孩子发自内心的尊重。因为在这里面我们看不到教师的善的意图，善的手段与善的效果，它仅仅指向教师自身的利益——虚荣心。教师自身的利益虽然值得维护，但它却不是教育关系当中最大的善。

二、教育机智的情感维度：尴尬

教育机智发生的情境多具有突发性、偶然性，并非在教育者的预设或教学设计之内，因而往往出乎教育者的预料，令教育者感到不知所措，从而陷入短暂的窘境或僵局，伴随着这种困境或窘境的往往是教师尴尬的情感体验。教师的教育机智则表现为对教育时机的把握，对突发的、偶然的意外事件做出巧妙的应对，以缓解或消除尴尬的体验。因此，教育机智的一个重要的动机在于消除尴尬的情感，维护教师或学生的面子，促进师生之间的良性互动。在中国文化传统中，面子是维护融洽的人际关系的重要因素，因此，在人际关系中巧妙地保护他人的颜面，避免让他人出丑是一个人机智的表现，也是成熟的表现。然而，与一般的人际关系不同，师生关系是一种不对等的人际关系，因为教师面对的是不成熟的学生，所以，教师在师生交往当中出丑或者丢面子时，不能仅仅寄希望于学生来消除自己的尴尬。下述教育轶事描述了教师机智地化解教学困境中的尴尬体验的过程。

记得小学五年级时的一次数学课上，唐老师教我们认识三角形的钝角、直角和锐角。她拿着木制三角板在空中向我们展示，一边讲一边指。同学们听得非常认真，老师在台上讲得也很起劲。接着，她开始给我们讲三角形有哪些特性，当她拿着三角板在空中展示，嘴上还说着三角形具有稳定性时，突然"啪"的一声，那个老旧的三角板分家了，斜边掉到了地上，唐老师手里只剩两个直角边，还是分开的，场面一度十分尴尬。同学们也开始起哄，一边笑还一边说，三角形具有稳定性，似乎在故意调侃唐老师。唐老师也有点意外，稍倾，她捡起斜边把三角板重新拼好，还特意用胶带固定了三个角，然后继续拿起三角板，说道："谁能告诉我三角板为什么会开呀？是因为它不具有稳定性吗？"同学们开始七嘴八舌地讨论起来，课代表站起来说道："因为三角板坏了，坏了的三角形不具有稳定性。"唐老师说："没错，就是这个原因，你们现在再看这个三角板是否具有稳定性呢？"由于加固了三角版，这次没有开裂，同学们异口同声地回答："有。"唐老师再次强调，三角形确实具有稳定性，大家不要被坏三角板搞糊涂了。这样唐老师的尴尬得到化解，课堂教学得以继续，同学们也对三角形具有稳定性这一概念印象深刻。时隔多年，在讲起当年的数学老师时，同学们还能记起那句"三角形具有稳定性"。【S2019-1】

在上述教育轶事中，教育突发事件既不是来自教师的教学失误，也不是来自学生的不良表现，而是来自教具的意外损坏。当唐老师手持三角板在讲述三角形的稳定性时，三角板却分家了，似乎在反驳他的观点，让他感觉到被打脸了，对于唐老师而言可以说是一种绝妙的讽刺，唐老师的尴尬也可想而知。学生不机智的起哄和调侃——"三角形具有稳定性"——无疑又加剧了这种尴尬，让唐教师感觉到颜面尽失。课堂教学中的这种突发事件呼唤着教师的教育机智。唐老师直面僵局，通过机智地反问学生——"谁能告诉我三角板为什么会开呀？是因为它不具有稳定性吗?"——来化解自身的尴尬,并将教学带入正轨。虽然唐老师的教育机智表现得并不十分出色,但是这种努力可以在某种程度上消除自己的尴尬体验,从而挽回自己的颜面。教师是一种十分注重为人师表、印象整饰的职业,因此,当教师在学生面前出丑时,不可避免地会感觉到丢脸、尴尬等,维护自身的师道尊严成为教师教育机智的重要动机。

尴尬是对人际关系状态的一种即时体验,是对人际关系陷入困境的一种当下感受。更确切地说,尴尬是我在他人面前对自我的尴尬,是在他人面前对自我就是那个人际关系的破坏者的承认。尴尬体验是把握我的"被注视"的存在的一种方式。正如法国哲学家萨特分析羞耻时所提到的,"羞耻是对自我的羞耻,它承认我就是别人注意和判断着的那个对象。"[①]在缺少他人审视与评价的地方,很难出现尴尬的情感体验。尴尬是基于人际关系的僵局或紧张而产生的一种自我意识。教育情境中尴尬的产生源于教育的构成要素。虽然引起尴尬的教育要素可能是教育者、学习者,也可能是教育内容、教育手段或教育环境,但是只有人会感到尴尬。这种尴尬的情感体验并不一定只属于教育者,学生也可能感到尴尬,或者教师与学生同时感到尴尬。比如教师会因自己的教学失误被学生指出来而感到尴尬,学生可能会因为自己尿裤子被人发现而感到尴尬,当教师在课堂教学中放了一个屁时,感到尴尬的不仅有教师,而且还会有学生。概言之,尴尬是发生在人际关系当中的,尴尬的情感体验可能是单方面的,也可能是双方面的。尴尬的情感体验意味着人际关系陷入僵局与紧张,或者教学氛围失去了灵动与活力。尴尬是对自身所处窘境的一种直觉的把握,机智意味着对尴尬的巧妙化解。下述教育轶事不仅描述了教师因教学表现受到学

---

① 萨特.存在与虚无(第4版)[M].陈宣良等,译.北京:生活·读书·新知三联书店,2012:328.

生质疑时而产生的尴尬，而且鲜活地再现了教师对尴尬的机智化解过程。

在一节关于《平面图形与立体图形》的习题课上，我在给同学们讲解练习册中的习题时碰到了这样一道题：怎样切割圆柱可以得到两个相等的圆形？怎样切割可以得到两个相等的长方形？请画出来。这道题同学们都有疑惑，通过我的引导，他们想到横着切可以得到两个相等的圆。随后，我在黑板上给他们画出了一个圆柱的横切图。想出了第一个问题的解决方法后，同学们很快想出，如图竖着切就会得到两个相等的长方形。这回我只口头说了一下，就准备进入下一题。这时候，突然有同学说："老师，我们虽然知道应该怎样切，但还是不会画，你给我们画一下吧。"就在我准备给他们画的时候，手突然顿住了，一下子不知道怎么画了，手就一直悬在空中。同学们看我一直没下笔，就有一个大胆的男生说："老师你也没学过吗？"其他同学都笑了。我表面上故作镇定，心里却拼命回忆，又停了十几秒钟，终于在黑板上画出来了。当我画完的时候，底下的同学发出了"哇，老师你好厉害！""老师，你还会画画！"这样的感叹。这个时候，我笑着对他们说："老师的美术功底还是不够，下笔前稍微构思了一下怎么画才更好看"。这样就很机智地解决了问题，学生们也没有觉得老师不会。【S2018-5】

在上述教育轶事中，我们可以看到，教师的教学突然被学生的提问打断，学生要求老师当场演示一下圆柱纵切的画法，这种突如其来的要求让老师陷入了困境，特别是当老师还没有想好如何现场演示，表现出迟疑的时候，"老师你也没学过吗？"学生的质疑以及其他同学的笑使教师陷入尴尬的境地。然而，当老师完满地回答了学生的提问时，又得到了学生的称赞："哇，老师你好厉害！"这位教师的机智在于，他对自我的不完美表现做出了一种巧妙的回应,即对学生说:"老师美术功底还是不够,下笔前稍微构思了一下怎么画才更好看。"很显然,这种机智的回应方式既化解了自己的尴尬,又维护了自己的专业权威,从而在学生面前树立了一个良好的教师形象。一般而言,当教育教学当中的突发事件使教师陷入困境而无法自拔时,教师往往感觉到尴尬,感觉有失教师的颜面,有损于教师的形象。因此,教师的反应,无论机智与否,都旨在维护自己的专业权威,并使学生认同教师的这种权威。毋庸置疑,一旦学生对教师的专业权威产生了质疑,教师就失去了执教的根基,就难以对学生施加教育影响。

尴尬的情感体验无论发生在教师身上还是学生身上都意味着,教师或学生由于自己的失误而在人际关系中得以凸显,成为令人瞩目的焦点,顺畅的课堂教学被打断,融洽的教学氛围陷入僵滞。教师或学生关注的焦点由教学转向了教育关系的打断者、教学氛围的破坏者。这可以用英国哲学家、科学家波兰尼(Polanyi,M.)所提出的术语"焦点觉知"和"附带觉知"来进行阐释[1]。在教师顺畅的课堂教学中,突发的教育事件造成了教育困境,引发了教师或学生的情感体验,导致了教师或学生的"焦点觉知"的变化。在课堂教学的全身心投入中,师生的"焦点觉知"是整体的教育教学氛围,抑或说是基于教学内容的教学互动本身,而实现教育教学

---

[1] 波兰尼在其著作《个人知识——迈向后批判哲学》中提出了"焦点觉知"和"附带觉知"的概念,并以钉钉子为例解释了这对概念。他说,我们在用锤子钉钉子的过程中,不仅留意锤击钉子的效果,而且对握着锤子的手掌有某种感觉,"感觉不像钉子那样是注意力的目标,而是注意力的工具。感觉本身不是被'看着'的;我们看着别的东西,而对感觉保持着高度的觉知。我对手掌的感觉有着附带觉知,这种觉知融汇于我对钉钉子的焦点觉知之中。"他还以弹钢琴为例来说明,"焦点觉知和附带觉知是互相排斥的",会导致动作的不顺畅或失败。(详见波兰尼. 个人知识——迈向后批判哲学[M]. 许泽民,译. 贵阳:贵州人民出版社,2000:82-83.)这里我们使用"焦点觉知"与"附带觉知"来描述教师的课堂教学行为,以说明这两种觉知对教师行为产生的干扰或影响。

目标的构成要素处于"附带觉知"状态。当构成教育实践活动的要素破坏了正常的课堂教学时,就会导致师生意识意向性的转向,"附带觉知"所留意的教育要素或细节成为"焦点觉知"所凸显的部分。在意识的这种转向中,教师的教学行为受到了干扰或阻碍。下述教育轶事生动地呈现了尴尬处境中师生关注焦点的变化。

  记得读初中的时候,我的语文老师是一个很规矩、威严的人。她总是戴着黑框眼镜,穿着一身黑灰色布衣并且带着红色或黄色的袖套,脚穿一双有些旧但打理得很干净的皮鞋,可以说,她的规矩是连头发丝都不能出现差错的。说实话,她那永远一副规矩的样子让人不敢放肆,她的威严让我有些怕她。可这么个规矩的老师,在她身上却发生了一件与她的平时形象极为不符的尴尬的事情。

  当时正值盛夏中午,是学生们最容易犯困的时候,而她却在黑板上"挥斥方遒"。突然,我们德高望重的语文老师,在众目睽睽之下放了一个屁,在安静的教室里,声音显得尤为响。有意思地是,在大家还没来得及作出反应的时候,语文老师当场给我们吟了一首诗:"夫子亦俗人,俗人常有气。……"后两句虽然记不清楚了,但当时这首诗在校园里盛传的场面,至今仍然记忆犹新。

  如果是我遇到这样尴尬的境地,我可能会不知所措。自从那件事情以后,我反而发觉到这位老师的可爱之处,甚至喜欢上了这个有趣的语文老师,也因为这位老师,我深刻地领略到了语言的魅力。

【S2019-17a】

在上述教育轶事中,德高望重的语文老师在课堂上公然放了一个屁,这在安静的课堂中显得尤为得响,这无疑会使教师陷入尴尬的境地,当然学生也会感到尴尬,如果教师或学生都无法化解这种突如其来的意外的话。显然在这种情况下,教师放屁的这种不雅行为引发了学生的注意,使得学生的意识意向发生了转向,从关注教学内容本身转向教学的教师。教师也会因为感觉到学生关注的目光聚焦在自己身上而更加尴尬。教师的教育机智就在于迅速地转移学生关注的焦点,从而让自己摆脱困境。教师教育机智的表现方式是吟诗自嘲:"夫子亦俗人,俗人常有气。……"这样既巧妙地解释了刚才的意外事件,又借机表现了自己的专业素养与才华,让学生从教师的不雅中体悟到教师的雅,进而感觉到语言的魅力。这位教师的机智不仅消除了师生之间的尴尬,维护了自己的专业权威,而且体现了自己的人格魅力,给学生留下了深刻的印象,对学生的发展也产生了深远的影响。

尴尬的本义为"行为不端正,鬼鬼祟祟",现指"处境困难,不好处理","神态不自然"等。[①] 因而尴尬体现了当事人面对困境时束手无策的感受。尴尬意味着突发事件导致人际互动行为的暂时停滞,或者思维的暂时中断,是一种身与心、知与行方面的无能为力。这种尴尬是全身心的,是贯穿知与行的。快节奏的教师生活使得教师难免会犯些错误,比如当教师反穿衣服走进教室开始授课时,却浑然不知自己的出丑,而恰恰从学生异样的表情当中才发现了自己的失误。当学生指出教师的丑时,尴尬的情感会油然而生。

在阳光明媚的早晨,同学们像往常一样背着书包来上学,坐在教室的我拿出自己抄写的课程表,看看第一节课是什么课,看着课表上写的是化学课,原本就提不起精神的我更加充满了厌倦的情绪,因为自己本身就对理科不是很感兴趣,而且又是一大早就上这门课,所以

---

① 谷衍奎. 汉字源流字典[M]. 北京:语文出版社,2008:399.

自己本身也是带有相应情绪的。

上完早读课,只见一个熟悉的身影走进教室,那就是我们的化学老师,他进入教室还是按部就班地开始了他的教学。这时,底下的同学们突然小声议论,也不知在议论些什么。好奇的我就开始询问,一打听才知道,她们是在议论老师的衣服是不是穿反了的问题。老师也感觉到下面很吵,于是就说,"大家对我讲的内容有什么疑问吗?"这时同学们都开怀大笑,老师就更加疑惑了。我们班有个较为活跃的学生很直白地对老师说:"老师,你的衣服穿反了。"老师感到很尴尬,但是他没有很生硬的说是直接出去换衣服,而是很幽默风趣地用我们当地的方言对全班同学说:"你们看,老师给你们教课的心是多么急切呀!"因为老师讲课使用的都是普通话,猛然冒出一句当地方言让同学们感到很亲切,而且很好笑,感觉到好笑幽默的我们也就不再更多地关注老师的衣服是否穿反啦,而是感觉到老师的亲切感,觉得他的思维和反应都很机智。【S2019-20】

在上述教育轶事中,教师按部就班的教学体现了行动的顺畅性,当学生的非议引起了教师的疑惑时,教师迅速从教学的全身心投入中抽身出来,对教学产生了自我怀疑,从而打断了教学的正常进行。学生当众揭露教师穿反衣服无疑将教师置于十分尴尬的境地。教师之所以会尴尬是因为学生的不机智——让老师在众目睽睽之下丢丑,没有面子。在这种情境下,教师不能走出教室换衣服,这不仅会影响到教学的正常进行,而且还会使课堂学习氛围发生转向,即学生的目光聚焦于教师的服饰而非教学内容。这位教师的机智就在于,他通过幽默风趣的方式打破了尴尬的僵局。教师的回应——"你们看,老师给你们教课的心是多么急切呀!"——既给出了衣服穿反的理由,同时也体现了教师的人格魅力。当学生关注的焦点从教师的衣服转向教师的人格魅力时，教师的尴尬也便迎刃而解。

尴尬是当事人面对僵局束手无策时瞬间产生的情感体验，它表现为自我在他人注视目光下的定格，在定格的画面上，自我向他人承诺的自我形象没有兑现，而机智则是通过巧妙的方式打破僵局，重新激活人际互动氛围的催化剂，以一种自圆其说的逻辑挽回自我在他人眼中的形象。在下述教育轶事中，我们可以看出，张老师自信流畅的授课被一个学生突然的质问打断了，学生对他的教学方法产生了质疑："张老师，之前唐老师不是这样教我们的。"很显然，学生的挑战使张老师暂时陷入尴尬的境地，他面临着两难选择，既要维护自己的教学权威，但又不能在孩子面前否认唐老师的教学方法，否则也会使正在听课的唐老师感觉到尴尬。张老师的机智就在于，他通过"条条大路通罗马"的道理告诉学生解决问题的多样性，并通过示范来印证了这一道理，从而在学生面前既树立起了自己的教育威信，也没有损害唐老师的颜面。因此，教师的教育机智需要教师能够跳出非此即彼的选择，既给自己留面子，更需要给他人留面子，留面子才能避免尴尬，建立融洽的人际关系。

我上九年级美术公开课《正方体结构素描》的经历至今让我记忆犹新。这是一堂结构素描透视讲解、示范实践课，是以训练为主的造型表现课。上课伊始，课程内容进展很顺利，同学们在我的讲解下，从理论上对结构素描有了一定理解。当我把正方体的透视关系讲解完毕，学生所提疑问都一一解答分析结束之后，心中不由地一阵窃喜，感觉今天的讲课已经成功了一半。但当我自信流畅地边讲解边示范，画完一个正方体的结构素描时，意外的事却发生了。班里一个平时表现优秀的女生突然举手问了我一个问题。她很认真地说："张老师，之前唐老师不是这样教我们的。"就在她问这个问题的时候，我很清

灵机一动中迸发的智慧火花 >>>

楚地在她眼神里看到了一丝不信任！她对我的教法产生了质疑。与此同时，班里已经有几个同学转过头看向了正在听课的唐老师。我与唐老师目光对视，我瞬间感觉到班级里异常地安静，所有人都在等待我的回答。思量片刻，我提高音量大声地说道："好，这位同学的这个问题问得好！"我在黑板上贴了三张纸，拿起铅笔，边画边说："同学们，有句话说'条条大路通罗马'，我们做成一件事的方法有很多。鲁迅也说过，世上本没有路，走的人多了便有了路。那为什么我们不去做那个第一次走这条路的人呢？这节课老师给大家讲的透视理论是统一的，原理是不变的，但在画法上可以有很多方法，每个人的选择自然也会不同。张老师有张老师的画法，那么你也应该从中找到适合你的画法。这正所谓，师父领进门，修行看你们啊！"这时，同学们都哈哈大笑。接下来，我给学生示范了其他画法，并进行了简洁地理论讲解。这节课我不仅让学生学会了不同的画法，更重要的是获得了学生对我的肯定和信任。【T2018-2】

由上述教育轶事很容易联想到一部教育电影《美丽的大脚》。在电影中，张美丽老师为了欢迎从北京远道而来支教的夏老师，在课堂上让学生用成语"千里迢迢"造句，但是张老师教给孩子的读音是错误的，把"千里迢迢（tiáo tiáo）"读作"千里召召（zhāo zhāo）"。孩子们在回答问题时都把"迢（tiáo）"读作"召（zhāo）"。这时，在教室后面听课的夏老师走上讲台，直接纠正了孩子发音的错误，孩子们的表现是立马把头转向原来的张老师。很显然，学生会产生疑问，是张老师教的对还是新来的夏老师教的对。夏老师的这种当学生面纠正张老师读音错误的做法使张老师不免感到尴尬。但是，张老师并没有为自己的错误辩护，而是告诉孩子们要听夏老师的，说夏老师所说的都是对的，这才打消了孩子们的疑虑。电影中的情节与上述轶事的相同之处都在于，学生都对新来教师的教学权威产生了疑问，但是不同之处在于，上述教育轶事中的张老师尊重原有教师的讲授方法，并没有让听课的唐老师感到尴尬，而电影中的夏老师在大庭广众之下纠正张老师的错误读音时，让张老师感觉到难堪，因此，夏老师并没有表现出自己的教育机智。

教育机智的情感维度旨在考察师生关系存在的方式。我们重点考察了教育轶事中频繁出现的本土概念：尴尬。尴尬的情感体验无论发生在教师身上，还是发生在学生身上，都反映了师生关系的存在状态。在师生互动中，教师由于无法应对突发事件而陷入僵局，在学生面前往往感到颜面扫地，这时教师就很容易产生尴尬的体验。当然，学生在老师面前出丑时也会产生尴尬的体验。尴尬意味着自我在他人眼中的形象遭到了质疑或贬损，并陷入了人际关系的僵局而无法自拔，而机智则是一种巧妙打破人际关系僵局，重新激活人际互动氛围的催化剂，它以一种自圆其说的逻辑挽回了自己的面子或者自我在他人眼中的形象。所谓挽回面子并非是真的消除了人际互动当中展现的负面形象，而是试图消除尴尬等负面情感的机智行为获得了他人的肯定和赞赏，从而在他人心目中重新树立起良好的形象。

三、教育机智的创造维度：巧妙性

教育机智的一个本质特征在于对教育问题情境的巧妙处理，对尴尬体验的巧妙化解。这种处理方式的不同寻常以及化解尴尬的巧妙性恰恰体现了教育者的创造性。教育者在面对措手不及的突发事件时，往往不会通过直接的方式进行处理，而是通过委婉、含蓄、幽默、借势等间接的方式进行应对，机智的教育者不会进一步激化师生之间的矛盾和冲突，更不会导

灵机一动中迸发的智慧火花 >>>

致师生之间的对立。下述教育轶事体现了教育者对突发事件处理的巧妙性。

有一次，在我上汇报课时发生了一件趣事。我讲的是《平行四边形的面积》，其中有一个小组合作探究的环节，同学们需要拿出已准备好的平行四边形卡纸，用剪刀动手剪一剪、摆一摆，然后我会将其结果展示在黑板上。当时有两组同学已经展示完了，到了下一组时，小组长上来给大家讲述了他们组的想法，然后他就拿着卡纸下去了。但是，我本该把这个小组的作品用磁铁吸在黑板上展示给同学们的。这时，我突然灵机一动说道："这么优秀的作品不让老师展示给同学们看，难道你要收藏吗？"然后这位同学开心地将作品拿了上来让我展示。汇报课结束后，当时听课的老师对我本节课的表现及课堂效果作了评价，其中也谈到了我说的这件趣事，认为我处理得比较妥善，并且还有点幽默，让学生开怀大笑，活跃了课堂气氛。【S2018-8】

从上述教育轶事中，我们可以看出教师是如何机智地处理自己的教学失误的。小组长向老师和同学们讲述完自己小组的想法之后就返回自己的座位，这时老师突然意识到自己忘记了在黑板上展示该小组的学习成果。如何挽回这一教学失误呢？这位教师灵机一动，对学生说："这么优秀的作品不让老师展示给同学们看，难道你要收藏吗？"这种幽默、含蓄的话语及时挽回了自己的教学失误，让学生的学习成果得到展示，既让学生获得了学习成就感，又活跃了课堂气氛。这位教师处理自己教学失误的巧妙性就在于，她并没有遵循常规的解决问题的办法——比如坦诚自己忘记展示该小组作品了，要求学生重新展示一下——而是暗示学生应该把自己小组的优秀作品展现给大家。

教育机智的创造性有时出自教师的灵机一动，有时奠基于教师的专业素养,形成于教育突发事件与教师专业素养的耦合,表现为巧妙自然而不做作。下述教育轶事反映了教师基于深厚的专业素养而表现出来的富有创造性的教育机智。

一堂美术公开课上,一个学生不小心在宣纸上滴了一大滴的墨水,学生不由得"啊"的一声大叫起来,脸涨得通红。全班同学的目光都被吸引了过来。这时,老师走了过去,微笑着说:"没关系,这一滴墨水不正好可以画一只小猫吗?"一边说,一边拿起毛笔在这滴墨水上画了起来,几笔就出现了一个活灵活现的小猫。这个学生笑了,班级里的孩子们都在赞叹。教师的机智不仅缓解了学生的难堪,而且使教学更富趣味,起到了意想不到的效果。[1]

在上述教育轶事中,一位学生由于不小心导致墨水滴在了宣纸上,影响了自己进一步的绘画,而这位学生夸张的举动引发了同学们的注视,从而使自己处于尴尬的境地。教师的机智在于,他没有简单地给学生换一张宣纸,而是别出心裁地借这滴墨水画了一只小猫,从而达到了起死回生的效果。教师的机智不仅解决了学生的学习困境,而且向学生展现了教师的美术功底。教师教育机智的创造性体现在教师基于美术专业素养巧妙地将"这滴墨水"与"猫"契合在一起。换言之,能够巧妙地发现不同事物之间的关联与契合点体现了教师的创造性。下述教育轶事同样也反映了教师处理突发事件的巧妙性。

某教师在一次上课时,几个迟到的差生拿着树枝冲冲杀杀,闯进教室,老师先严肃地看着他们,一些学生都老老实实地坐了下来,唯独领头的小黄在门口站着不动,学生们估计老师一定会狠狠地批评小

---

[1] 严丽芳. 要富有教育机智[J]. 福建论坛(社科教育版), 2004 (3): 25.

灵机一动中迸发的智慧火花 >>>

黄，老师却没有这样做，而是亲切地对他说："小黄，你想做战斗英雄，很好！现在课堂就是战场，你进来！"这么一说，小黄不好意思地进来了，可还站着，不肯放下树枝，老师又对他说："课堂这个战场打的是学习战，武器是笔和书本。小黄，你那支枪暂时用不上，请放下来，坐下吧！"小黄终于忸忸怩怩地坐下来了。由于这位老师注意了学生的特点，因势利导去教育他，避免粗暴训斥或教师与学生顶牛的事情发生，收到了较好的效果。①

教师的教育机智体现在教师能够巧妙地发掘突发事件的积极意义，并将其与育人性有效结合起来。上述轶事中，教师将学生小黄在打打杀杀的活动中的表现解读为勇敢，并将学习也比做战场，从而引导学生把游戏活动中的勇敢精神用于"学习战场"。教育机智的创造性就在于，教师抓住了突发事件与学习活动的精神实质的相似性，从而促使学生实现由"战斗英雄"到"学习英雄"的转变。

教育机智的巧妙性在于挖掘突发事件的教育意义，通过幽默的方式将学生的注意力自然地转向教学内容，从而实现维护教学关系的目的。下述教育轶事呈现了教师对一个"迟到专业户"的态度。教师并没有直接询问或质问学生迟到的原因，而是幽默地说："姗姗，昨天晚上是不是和周公下棋难决胜负？"这种幽默可以缓解课堂尴尬的气氛，也暗示了老师对学生的关心。姗姗的书包链没有拉好导致书在书包里乱晃，引起了学生的嘲笑。老师将其巧妙地诠释为对知识的渴求，顺势将学生的注意力转移到教学当中。教师的创造性就在于瞬间把握了"睡眼惺忪"与"周公下棋"之间，以及"书包敞开口"与"对数学知识如饥似渴"之间的隐喻关系。

---

① 木公. 运用教育机智处理课堂上的偶发事件［J］. 上饶师专学报（社会科学版），1984（3）：89.

从这种意义上说，这位老师的做法还是比较机智的。

在我所带的班级里，有一个被整个年级熟知的"神奇人物"，名叫吕姗姗。人挺磨叽，又有点懒，小学的时候就有"肉夹馍"和"迟到专业户"的外号。"肉夹馍"就是又肉又磨叽的意思，上了初中也是一样，开学第一个星期，总共上五天课，她就迟到了三天，作为班主任的我实在是头大，找家长了解情况，让家长给调闹钟，也惩罚过她，很多招数之后，她终于不迟到了，这让我很欣慰。她不迟到的这种情况持续了很长时间。有一天她又迟到了，刚好是早上第一节我的数学课，她打了报告慢慢站到门口，此时我刚好话还没有讲完，我就没有关注她，等我把要说的话说完，盯着她看了一下，她还是一副没有睡醒的迷糊样子，我就问她："姗姗，昨天晚上是不是和周公下棋难决胜负？"这时她笑了一下说："没有。"我对她说："回到座位上去吧。"她绕过讲台走回座位途中引起全班同学哄堂大笑，我一看，她的书包拉链没有拉，书在书包里随着她的走动乱晃，我又说了句："你们看，姗姗来晚了，书包都抗议了，饿得张开了大嘴巴，看来书包也对数学知识如饥似渴呀。来，同学们，跟着老师来汲取知识的营养吧！"于是就开始了后面课程内容的讲解。【S2018-16】

教育机智的创造性在于通过巧妙的方式化解尴尬。教师除了借助于自身的智慧去化解外，还可以借助于外力，比如学生或者其他老师（特别是有其他老师听课时）。下面的教育轶事反映了教师在面临教学失误时通过向学生寻求帮助而化解尴尬的过程。这位新手教师由于准备不充分、教学内容不够熟练导致在几何证明过程中不能自圆其说，从而陷入尴尬的处境。这时，她发动学生挑毛病、找错误，从而改变了教学关系的特性，即在师生关系中，学生从被动的接受者变成了主动的学习者，而教师从一个

灵机一动中迸发的智慧火花 >>>

知识传授者变成了一个学习者。教师的教育机智还在于以自身的教学失误为反例来教育学生，让学生避免犯类似的错误，从而给学生留下了深刻的印象。

记得有一次给学生讲解弧度制，我首先引入弧度制的概念，然后结合实际例子让学生理解角度制与弧度制的互化关系，最后证明扇形面积的弧度公式。在讲解弧度制的定义以及弧度制与角度制互化时非常顺利，然而在讲解弧度公式的证明时却出现了一点小问题，扇形面积公式一共有两种证明方法，我在证明时选取了其中一种方法，但在证明时发现证着证着答案又回去了，学生们感到很疑惑，我当时也很尴尬。情急之下，我发动学生一起查找我在证明时出现的错误，学生们很快找出了错误。这个错误也是学生容易犯的，即将弧度与角度相混淆，我趁势对学生说："我们在数学学习过程中，往往会产生将概念混淆的情况，老师在这里给了大家一个反面例子，希望大家在以后的证明中能够避免。接下来我们再来看看另一种证明方法。"在另一种证明方法中也有弧度与角度互化，在讲解时我特意强调弧度与角度互化，以便给学生留下深刻的印象。现在想来，也许是因为当时准备不够充分所以才导致了这个失误，不过也算成功化解了这个尴尬的问题。【S2018-13b】

教育机智的巧妙性还表现在善于将突发的教育事件与教学内容建立起恰当的关联，从而使学生的注意力由外在环境不知不觉地转移到教学当中来。当在课堂中听课的七年级学生被学校旁边的幼儿园的音乐声吸引时，教师提高自己的嗓音以唤回学生的注意力，但并未达到应有的效果。这时教师灵机一动，将幼儿园建筑物中的各种几何图形与几何教学内容有机结合起来，让学生从对幼儿园建筑物的观察中寻找几何图形，从而使教学内容生活化、直观化，很自然地将学生的注意力重新拉回到课堂学习当中。

我在一所中学的初中部担任数学老师，学校的后面是一所幼儿园，我们和幼儿园上下课的时间不同，所以铃声也会不一样。

那天，我的教学内容是七年级数学的最后一章《几何初步》，由于各种原因，课程被迫调到了下午，恰巧教室又在阳面，冬日的暖阳刚好照进班里，我进班上课时学生都昏昏欲睡。《几何初步》这一节的知识内容较为简单，学生也并不太重视，课堂气氛沉闷。这个时候，幼儿园的音乐响了起来。沉闷的课堂上，这个音乐显得异常响亮，那天好像幼儿园有什么活动，吵吵闹闹的，班内的学生都纷纷扭头转向窗外。我看到学生的注意力都被窗外喧嚣的声音吸引走了，便不知不觉地加大了讲课的音量，但并没有起到警示学生的作用。突然，我灵机一动说道："来，同学们，刚才我们已经接触了什么是几何，介绍了几种新的几何体，让我们看看窗外的幼儿园，你能找到什么图形？"因为是幼儿园，所以建得和城堡一样，学生一下子来了精神和兴致，七嘴八舌地讨论起来。于是，这堂课就在热烈、愉快的氛围中结束了。【S2018-9】

教育机智的巧妙性还表现在，教师通过扭转师生互动中的主客关系，从而成为学生学习的引导者和启发者。所谓尴尬的体验无非是教师对自身处于被审视与被考察的处境的觉察。在课堂教学中，学生对教师突然的发问往往会令教师始料不及，导致课堂教学的中断，学生关注的焦点也从教学内容转向教师对突发问题的反应。教育机智的巧妙性在于，教师通过将学生抛给自己的问题重新抛向学生，使学生从发问者或旁观者变成了一个思考者，从而使教师重回教学的高地，成为一个启发者和引导者。下述教育轶事展现了教师如何自然、巧妙地将学生的发问又抛向学生，引发学生

灵机一动中迸发的智慧火花 >>>

深入思考，并引导学生通过思考解决自身疑问的过程。

  初一的一次语文课上，我在讲解《从百草园到三味书屋》这篇课文，当讲到"美女蛇"的故事时，一个男生突然问我："老师，世上有没有美男蛇？"他一问完，全班同学都哄堂大笑，然后都好奇地看着我，还有几个调皮的学生跟着起哄："对啊！老师，有没有美男蛇啊？或者也应该有丑女蛇或者丑男蛇吧？"我看到大家的思维都跟着那个男生跑了，有点无奈，但也不能发火，只好笑着问他们："你们觉得世上有没有美男蛇、丑女蛇或者丑男蛇呢？"大家都异口同声地说："有，一定有！"我又问他们："那为什么鲁迅只写了美女蛇呢？"同学们都沉默了，疑问又好奇地看着我。我笑了笑说："故事的另一个主角是谁呀？"有几个同学脱口而出道："是一个书生。"我说："对一个书生来说，是美女蛇对他的诱惑大，还是其它蛇对他的诱惑更大呢？"学生回答说："是美女蛇。""对，所以'美女蛇'只是蛇的一种伪装，它的本质仍然是蛇，'美女蛇'其实就是伪装好了的坏人，同学们在生活中也要善于分辨出美女蛇的存在哦！"我说完后，同学们都笑着说好，于是我就顺势继续讲课了。【S2018-21】

  在上述轶事中，我们可以看到在语文教师授课过程中，学生向教师突然提问："老师，世上有没有美男蛇？"这突如其来的提问一下子引起了全班同学哄笑，课堂氛围发生了微妙的变化，学生关注的焦点发生了转向，开始关注教师能否应对这个有趣的问题，教师的教学进程被迫中断。其他同学跟着起哄："对啊！老师，有没有美男蛇啊？或者也应该有丑女蛇或者丑男蛇吧？"这些课堂搅局者的步步紧逼无疑给教师提出了巨大的挑战，导致了课堂教学的危机，学生的思路被课堂搅局者带偏，关注的焦点锁定在教师应对突发事件的表现。当学生的目光全部聚焦在老师身上翘首期待时，教师将学生的问题重新抛向学生，反问道："你们觉得世上有没有美男蛇、丑女蛇或者丑男蛇呢？"从而引发了学生的思考，反转了师生互动的主客体性。教师从一个被学生审视评价的客体重新变成了一个引导学生学习的主体。当学生回答说一定有时，教师顺势引导学生进一步思考："那为什么鲁迅只写了美女蛇呢？"这样在语文教师的循循善诱下，学生得出了应有的答案，好奇心得到了满足。经过这个插曲，学生对教学内容有了更深刻的理解。教师机智的巧妙性表现为化被动为主动，做到了"不愤不启，不悱不发。"

教育机智的巧妙性表现在教师能够打破常规思维，以一种新颖的方式来化解教育危机。比如，面对课堂中学生的不当行为或者搅局行为，教师常见的是批评与责罚，这不仅会使课堂气氛陷入僵局，而且容易产生师生关系的对立与冲突，破坏良好的师生关系。机智的教师往往会在避免正面批评学生的前提下，使学生意识到自己课堂表现的不当或错误，同时也不致使学生的自尊受到伤害，尤其当学生并没有意识到自我表现的后果时。当学生学习的注意力被突然闯入教室的蛾子吸引的时候，教师如何机智地将学生的注意力引导到教学本身呢？一味的批评可能无济于事，甚至会激化师生矛盾，造成师生关系的隔阂，不利于教育教学关系的维系。在混乱嘈杂的教室里，教师与其喝令学生安静，不如静待学生安静下来，因为教师在课堂中的不语会令学生迅速安静下来。这位教师的机智反应就在于，她并没有正面批评学生，而是根据自我在学生心目中的形象（漂亮），对学生说："这只蛾子，它的腿有我的长吗？有没有同学看到它的脸？有我的好看吗？"言下之意就是学生的注意力应该聚焦在教师的教学上，而不是一个不速之客（蛾子）身上。学生的回答——"你好看，你好看。"——意味着学生认识到了自己行为的不当和错误，将关注的目光重

灵机一动中迸发的智慧火花　>>>

新聚焦到教师的教学上。下面的教育轶事生动地再现了教师处理课堂突发事件时的机智表现。

　　第四节课，我和同学们一起带着饥肠辘辘的肚子进入了练习课。正当我在课堂上兴奋地讲解着某道物理计算题的解题过程时，课堂上第三排靠左边的女生"啊"的一声连蹦带跳地叫起来。随着我的转头动作，他身旁的男生，有的拿起书本，有的徒手指着飞上天花板的那只蛾子，一边哈哈大笑，一边喊道："蛾子，蛾子……"有人笑，有人叫，有人躲躲闪闪。我都惊呆了，不就是一只蛾子吗？至于吗？我喊了声："都坐好！"但是我的声音连我自己都没听到，因为太吵了，他们的兴趣都在一只蛾子身上。于是我放下书本，直挺挺的，面无表情地看着他们和蛾子玩耍。两分钟内，他们一个接着一个安静下来，想笑又不敢笑地瞅着我。我说："这只蛾子，它的腿有我的长吗？有没有同学看到它的脸？有我的好看吗？"（在此之前，我常常是他们夸奖的对象）同学们顿时哄堂大笑，并直念叨："你好看，你好看。"我还听到有个同学说："别看了，听老师讲。"于是，我又开始接着讲课。【S2018-4b】

教育机智的创造性还体现在教师评价教育突发事件的崭新视角，善于发掘教育事件的积极意义，巧妙地消除学生的抗拒心理，既维护了学生的自尊，又让学生意识到了自己的错误。比如，下面的教育轶事就展现了钱梦龙老师对迟到同学的机智反应。

　　特级教师钱梦龙有一次在外地上公开课时，有位同学迟到了，站在门口显得十分尴尬。这时，只见钱梦龙老师亲切地说："这位同学虽然迟到了，但却是十分喜爱学习的好学生。你们看，他跑得头上都冒汗了。这说明他心里很着急，想把因迟到而造成的损失减少到最低程度。"这个迟到的学生原以为必挨批评,却意外地得到了赞美,不仅消除了尴尬,而且很快地投入到听课中去,成了课堂上最踊跃的发言者。一个对学生冷漠的教师是不会有如此"教育机智"的,钱老师灵活巧妙的教学机智来源于他对学生深切的爱和关怀。①

在上述教育轶事中,钱梦龙老师用"虽然……"指出了学生所犯的错误,即上课迟到。用"但是……"强调了学生对待迟到的积极态度,学生跑得满头大汗说明学生还是很在意学习的。钱梦龙老师的机智表达让学生感到意外,即犯了错误竟然还能得到教师的表扬。钱老师的机智举动无形之中消除了学生的尴尬,使学生可以以一种积极的心态融入学习当中。

教师教育机智的创造性就在于打破常规思维或思维习惯,能够巧妙地应对教育场域中的各种突发事件。具体而言,教育机智的创造性表现在:教育者能够通过幽默的方式避免对立与冲突;教育者能够根据相似性建立起事物的关联;教育者能够通过扭转师生互动中的被动局面,成为学生学习的引导者和启发者;教育者能够从消极事件中挖掘积极要素,从学生犯错当中发现闪光点,从突发事件当中发掘教育的意义。因而,教育机智的创造性意味着教育者思维方式的转换与创新,能够从辩证的角度看待问题。

四、教育机智的实践维度:实践性知识

范梅南关于教育机智的一个重要论述是,教育机智是一种实践性知识。他说:"机智是一种实践性知识,它在教学的行动中实现自身(成为现实)。作为瞬间和智慧的教育行动,机智在其真正的实践中是一种知识、

---

① 张瑞. 浅谈新课程改革下教师的必备素质——教育机智[J]. 辽宁教育行政学院学报, 2006(9): 38.

灵机一动中迸发的智慧火花 >>>

一种实践的信心。"① 对范梅南而言，教育机智这种实践性知识不是静态的、在手的、现成的，而是动态的、应手的、生成的，是在教育教学行动中实现自身的。他还认为，教育机智是一种行动的直觉，是对世界的一种直觉地"把握"。他说："教师实践性知识是直觉的（pathic），所以实践行为很大程度上依赖于身体的感知、个人在场、关系的觉察、在偶发情境中知道说什么和做什么的机智、关切的习惯和常规行为以及其他像知识的前反思、前理论、前语言等方面。"② 很显然，范梅南对教育机智或实践性知识的理解是立足于现象学认识论的。他强调实践是一种行动的直觉、一种非对象性的思考，或者如海德格尔所言的"应手"③ 状态，或者如布

---

① 范梅南. 教育敏感性和教师行动中的实践性知识 [J]. 北京大学教育评论，2008（1）：15.
② 范梅南. 教育敏感性和教师行动中的实践性知识 [J]. 北京大学教育评论，2008（1）：17.
③ 德国存在主义哲学家海德格尔主张，我们在实践过程中把握事物的基本方式是"应手式"的，并用锤子为例来说明，我们与锤子打交道的关系不是沉思式的、对象化的，而是实践性的，在使用锤子的过程中我们获得了一种实践性知识。类似的例子还有学骑自行车，学骑自行车同样是要建立人与车的一种"应手式"关系，而非对象化的思考关系。因为沉思式、对象化的审视恰恰阻碍了实践的开展。（约翰逊. 海德格尔 [M]. 张祥龙，林丹，朱刚，译. 北京：中华书局，2014：26.）海德格尔用哲学的语言揭示了理论活动与实践活动的本质区分，即理论活动与实践活动都有自己的"视"，理论活动是对象化的考察，实践活动是顺应于事的寻视，考察不具备寻视所拥有的对上手状态的领会。（海德格尔. 存在与时间（第4版）[M]. 陈嘉映，王庆节，译. 北京：生活·读书·新知三联书店，2012：81–82.）

迪厄所言的"实践感"①。总之，实践有实践自身的逻辑，它不同于纯粹理论的逻辑，而教育机智则从属于实践的逻辑。

实践性知识是教师教育领域中一个炙手可热的研究课题，越来越多的研究者认识到，教师的教育教学工作总是具有独特性，学习了心理学的知识并不代表教师懂得了每一个学生的心理，学会了教育教学的理论也并不意味着会成为一个好的教育实践者，掌握了教学的方法和模式并不一定能生成优秀的课堂。教育教学的研究应该从寻求宏观普适的理论转向微观情境化的知识。从对普适的教育规律的追寻到对实践性知识的探求是教育研究领域中的一个重要的转向。"20世纪70年代，西方教育科学领域'范式转换'：探究普适性的教育规律转向寻求情境化的教育意义。"② 这种转向意味着对情境化知识的重视，对教师实践性知识的尊重。陈向明认为，对于教育教学实践而言，实践性知识比理论性知识更重要。而在教师实践性知识的构成当中，教育机智以一种情景化的知识存在。③ 她还指出："教

---

① "实践感"是法国社会学家布迪厄用以表述实践逻辑的一个重要范畴，他认为实践的逻辑不同于学术（理论）的逻辑，他说，"理论谬误在于把对实践的理论看法当作与实践的实践关系，更确切地说，是把人们为解释实践而构建的模型当作实践的根由。"（布迪厄．实践感［M］．蒋梓骅，译．南京：译林出版社，2012：115．）他还说，"实践有一种逻辑，一种不是逻辑的逻辑，这样才不至于过多地要求实践给出它所不能给出的逻辑，从而避免强行向实践索取某种连贯性，或把一种牵强的连贯性强加给它。"（布迪厄．实践感［M］．蒋梓骅，译．南京：译林出版社，2012：122．）"这种'实践感'是身体与心灵、主观与客观、惯习与场域相会后处理社会现实、面临选择时不用通过有意识地选择就可以进行选择的感觉。而这种'实践感'的逻辑就是布迪厄要寻找的、也是客观主义和主观主义利用自己的'理论逻辑'难以把握的'实践逻辑'。"（宋跃飞．"实践感"与理解个体行动——对布迪厄实践理论的分析［J］．武汉科技大学学报（社会科学版），2011（1）：77．）
② 范梅南．生活体验研究——人文科学视野中的教育学［M］．宋广文等，译．北京：教育科学出版社，2003：1．
③ 陈向明．实践性知识：教师专业发展的知识基础［J］．北京大学教育评论，2003（1）：106．

灵机一动中迸发的智慧火花 >>>

学机智是教师作瞬间判断和迅速决定时自然展现的一种行为倾向,它依赖教师对情境的敏感(根据情境的细微差异调节自己的实践原则)、思维的敏捷、认知灵活性、判断的准确、对学生的感知、行为的变通等。它不是一种按步骤、分阶段的逻辑认识过程,也不是一种简单的感觉或无意识的行为,而是教师直觉、灵感、顿悟和想象力的即兴发挥,在一瞬间把握事物的本质;同时表达了教师对学生的深切关注,是'有心'(thought–ful)与'无意'(thought–less)的巧妙结合。"[1]

从教师实践性知识的相关论述中,我们可以看出,教育机智是教师实践性知识的重要构成部分。既然教育机智从属于教师实践性知识,那么对实践性知识的研究成果可以用来分析教育机智。从实践性知识的角度看,教育机智具有情境性、个人性、默会性,可反思性等特征。就教育机智的情境性而言,教育机智是机智在教育情境中的具体体现,具有特殊性,它是对突发的、偶然的、始料不及的教育事件的灵活巧妙的处理,教育机智与其产生的教育情境或教育时机紧密相关。脱离了具体的教育情境就无所谓教育机智,教育机智总是与一定的教育情境共生,教育机智的运用不能超越特定的情境。此外,教育机智与其他机智的不同之处还在于它体现了伦理的规范性。就教育机智的个人性而言,教育机智反映了个体的智慧,体现了个体应对突发事件的灵活性与巧妙性,与个人特质有关联。就教育机智的默会性而言,当事人很难言明教育机智发生的内在心理过程。就教育机智的可反思而言,教育者能够对自己的机智表现进行反思,进而形成自己的教育经验或智慧。

教育机智的情境性不仅指机智在教育情境中的运用,更重要的是指教

---

[1] 陈向明.实践性知识:教师专业发展的知识基础[J].北京大学教育评论,2003(1):107.

育机智这种实践性知识总是植根于独特的教育情境，是一种情境化的知识，但这并不是说，这种知识不具有推广性，因为在类似的教育情境下可以表现出类似的教育机智来。在这种类似的教育情境中，类似的教育机智又彰显出教育机智的独特性。接下来通过两个案例的对比，我们可以分析出教育机智的情境性不仅意味着特殊性，而且意味着普遍性。

【案例一】

炎炎夏日，年轻漂亮的语文实习老师李老师，身着一袭清爽的浅蓝色的连衣裙走进教室，铃声响起后，她开始讲授今天的教学内容《昆虫——人类未来理想的食物》。这篇课文主要讲述的是，随着地球人口膨胀，生态环境恶化，耕地面积减少，21世纪的人类将面临食物危机，科学家认为昆虫有着很高养价值和利用价值，可以成为人类未来的理想食物。当李老师在黑板上通过板书讲解这篇文章的篇章结构时，突然不知道从哪里飞来了一只蜜蜂，围绕着李老师飞来飞去，忽近忽远。

一开始，李老师边讲课边本能地轻轻挥一下手臂，试图把蜜蜂赶跑，可是几次尝试之后，蜜蜂并没有走的意思，反而像围着一朵花采蜜一样，不肯离去。李老师反复再三赶撵蜜蜂的举动，显然也引起了学生的注意，个别学生还掩饰自己的窃笑。学生的注意力已经被蜜蜂吸引。蜜蜂变本加厉地往李老师的怀里钻，似乎故意戏弄着讲课的李老师。害怕蜜蜂的她在课堂上又不能表现出失态举动。情急之下，她说道："这只小蜜蜂知道我在讲授关于它们昆虫的内容，所以想听个究竟都舍不得走了。呵呵呵……"很快这只小蜜蜂找到了出路，从窗户飞出去了。李老师也恢复了往日的神情自若，继续讲课。【Y2018-1】

灵机一动中迸发的智慧火花　>>>

【案例二】

　　有一次，我带着二年级的学生进入音乐室，刚准备上课，突然一阵骚动，孩子们叫了起来，原来是一只小蜜蜂飞了进来……。由于一时找不到出路，小蜜蜂在教室里不停地飞舞着，吸引了所有孩子的目光，甚至引发了学生的尖叫声，课堂顿时大乱。好不容易等到小蜜蜂飞了出去，却发现孩子们仍在关注小蜜蜂。这时上新课，估计再好的导入都会打折扣。我忽然想起本册教材的第9课《飞呀飞》的教学内容，不就是以小蜜蜂为题材的两首歌曲吗？于是我灵机一动：为何不把那一课调到今天上。于是我提出了关于小蜜蜂的话题，让学生进行讨论，孩子们可高兴了。通过探讨，同学们知道了小蜜蜂的"嗡嗡"声是因为翅膀震动而发出的，并不是以前认为由嘴巴发出的，知道了小蜜蜂是勤快的劳动者、是益虫，我们要保护它等等。在强烈的好奇和愉悦的心情中，学生很快掌握了歌曲《小蜜蜂》的演唱，并饶有兴趣地欣赏了小提琴曲《蜜蜂》。他们还通过比划小蜜蜂飞行的轨迹，画出了歌曲《小蜜蜂》的旋律线，通过回想刚刚听到的小蜜蜂飞行时发出的忽强忽弱的声音，很轻松地理解了乐曲《蜜蜂》中的力度变化，同时也找到了歌曲《小蜜蜂》演唱时的力度要求和情感表达方式，顺利地完成了《飞呀飞》一课的学习。[1]

　　从上述两个案例的对比中，我们可以看到这两位老师面临的相似的教育情境：课堂中的一位不速之客——蜜蜂——的到访扰乱了教学，学生的注意力瞬间被蜜蜂吸引，无心听课。面对这种课堂意外，这两位老师做出了类似的机智行为：通过将课堂教学内容巧妙地与蜜蜂联系起来，从而化

---

[1] 李敏. 教育机智让课堂意外生成精彩 [J]. 中小学音乐教育, 2015 (4)：22-23.

解了课堂教学危机。但是在类似的教育情境中，也存在着独特性：语文老师所讲授的内容与昆虫有直接的联系，所以她能很自然地建立起两者的关联，音乐教师讲授的内容与蜜蜂无关，但是她通过调整教学内容建立起与蜜蜂的关联，从而充分利用了学生的对蜜蜂的专注。因此，教育机智发生的情境虽然具有独特性，不能重演，但总是存在着本质上的相似性。探讨教育机智的情境性，既是为了指出它的独特性，也是为了指出它的应用性。

教育机智的个人性是指教师的个人特质——如相貌、性别、性格、经验、专业素养等——对教师行为的影响。从下面的教育轶事中，我们可以发现教师的个人特质是如何影响其机智表现的。

  有位教师应邀到工读学校上一节政治课，在登讲台时一不小心摔了一跤，惹得学生哄堂大笑，随之还响起了哨声、尖叫声，对这一闹哄哄的课堂秩序能否快速有效地扭转？来听课的教师有的为之担忧，有的则拭目以待。只见这位教师从地上爬起来，拍了拍身上的尘土，然后不慌不忙地说："同学们，请安静，这就是我给大家上的第一堂课。"这句话使同学们都愣住了，纷纷竖起了耳朵欲听下文。"是呀，在人生漫长的旅途上，谁能保证不跌倒几次呢？我跌倒过，跌倒，不可怕，怕的是，不愿意爬起来！"这话语虽普通，却似春雷一般震撼着颗颗少年的心，赢得了经久不息的掌声。[①]

在上述教育轶事中，政治老师进入教室准备登上讲台上课时不小心摔倒在地，在学生的众目睽睽之下，难免会有些尴尬，特别是学生的吵闹、哄笑等行为无疑体现了对教师的不尊重。从这种意义上说，学生的行为是

---

① 邹翊. 浅谈政治教师的教育机智［J］. 成才之路，2008（2）：15.

灵机一动中迸发的智慧火花 >>>

不机智的。在这种情况下,教师要化解自己的教学困境或危机就不能指望学生,只能依靠自身的教育机智或智慧。这位政治老师从容地"从地上爬起来,拍了拍身上的尘土",告诉学生这正是自己给学生上课的内容,学生的注意力一下子从教师身上转移到教学当中来,欲知教师葫芦里卖的是什么药,学生也从旁观者、搅局者转变为一个学习的思考者。这位老师的机智就在于将课堂意外与课堂教学无缝地衔接起来,而且还借机对学生进行了思想教育:"是呀,在人生漫长的旅途上,谁能保证不跌倒几次呢?我跌倒过,跌倒,不可怕,怕的是,不愿意爬起来!"教师的话语赢得了学生的掌声,俘获了学生的心灵,真正实现了课堂的出彩。由此,我们可以看到政治老师的教育智慧。显然,这位教师的教育机智与其教学经验或专业素养有很大关联。

在下面这则教育轶事中,教师同样在学生的众目睽睽之下摔倒在地,但是这位语文老师的机智表现与上述轶事中的政治老师却截然不同。

记得那是一个周二的早晨,我准备好了《黄鹤楼》这首诗的教学内容,信心满满地走进教室,三十一双眼睛一如既往地看向了我。我走到讲桌前,放下课本,打开多媒体,插入U盘,打开课件,当这一切准备就绪时,上课铃声响起了。随着一声老师您好,我带着同学们走进了"眼前有景道不得,崔颢题诗在上头"的课堂导入环节。就这样孩子们跟着我时而认真思索,时而大声朗读,时而激烈讨论,就在这一切看起来都那么顺利时,突然意外发生了。"请同学们划出表现作者浓浓思乡之情的词语,我看看谁找得又快又准。"就在我话音刚落走下讲台的一瞬间,我一脚踩空摔倒在地。一切来得太突然,同学们似乎是被吓着了,三十一双眼睛再一次齐刷刷地盯着我看,一动不动。而此时的我也不知所措,尴尬的感觉与害怕事后被孩子们笑话的想法混杂在一起,刹那掠过脑海。这是在上课,我知道我必须赶紧起来,就在这时,我假装生气地扔掉手中的粉笔,说到:"哎呦,好疼啊,你们都不来扶扶我。"话音刚落,同学们一拥而上,七嘴八舌地关心道:"老师,你没事吧,你疼不疼呀,我们扶你过去休息一会儿吧……"我在孩子们的搀扶下走到讲台前,然后告诉孩子们我没事,让孩子们回座位坐好。接下来我调整好自己的思绪,带着同学们继续学习剩下的内容。【T2018-5】

上述轶事中的语文老师在接受访谈时解释说,自己之所以会出现突然从讲台上栽下来的情况,是因为她刚刚配了一副新眼镜,戴上眼镜后看物体还不是很习惯和适应。尽管该教师如此解释自己的行为,但是我们认为,教师对教学的全身心的投入也是一个因素。当这位教师给学生布置问题后,走下讲台查看时,一脚踩空摔倒了地上,在学生目光齐刷刷地注视之下,不知所措的老师的尴尬油然而生。与此同时,学生也被这种突如其来的事件吓得手足无措。在这种情境下,教师如何从地上爬起来并消除尴尬的确需要一种教育机智。这位女教师假装生气地对学生说:"哎呦,好疼啊,你们都不来扶扶我。"这样一句话无疑打破了僵局,使学生从观望转向行动,"老师,你没事吧,你疼不疼呀,我们扶你过去休息一会儿吧……"由此,教师走出了众目睽睽之下的尴尬处境,获得了学生的帮助和关心。教师机智的关键在于实现关注焦点的转变,消除尴尬被动的局面。很显然,教师要站起来根本不需要学生的帮助,教师表面假装生气略带责备的话语使自己由一个被注视的对象变成了审视评价的主体。旁观的学生变成了被教师评价的对象,这种关系的翻转体现了教师的教育机智。这样不仅避免了成为学生嘲笑的对象,而且会让学生思考为什么在教师摔倒的时候没有扶一把,从而使学生陷入自我反思,甚至会使学生产生内疚

灵机一动中迸发的智慧火花 >>>

的心理。很显然，这位教师的机智行为与其自身的女性人格特质有很大关系。教育机智的个人性在很大程度上反映了教育者的人格特征。

对上述教育轶事中的语文教师的多次访谈也表明，她很难言说出她之所以这样做的动机。这表明了教育机智虽然可以描述，但是可言说的只是冰山一角。教育机智的生成过程对于研究参与者本身而言都是一个谜，具有缄默性，通过反思所能揭示的也仅仅是教育机智可以言说的部分。下面的教育轶事体现了教师对自身教育行为的描述与反思，除了体现出教育机智的情境性、个人性、默会性外也体现了教育机智的可反思性特征。

学生在上课期间难免会有注意力不集中的时候，或者会做一些其他的小动作。有一次，我正在讲《正弦函数的图像及性质》那一节内容，有一名男同学把他的头依偎在他同桌（男）的肩膀上，手挽着他同桌，周围的同学也都看到了这一幕，然后偷笑。我当时并没有贸然地加以训斥与批评，而是思索了片刻，看着他说了这么一句话："看来男生和女生的审美是一样的，我也觉得你同桌魅力很大呢。"这位学生听到后不好意思地把头抬起坐直，其他同学也笑了笑。接着，我又说道："既然大家都有自己的审美，我想问一下，你们觉得正弦函数图像美在哪里呢？"这时同学们都开始仔细观察正弦函数图像，纷纷举手说出它的对称性等等，很快学生的注意力又被拉回到课堂教学内容上。

对于学生的行为，我并没有放任不管或者贸然批评指责，而是用一种幽默的语言去化解，并且将其过渡到课堂的主要内容，若是直接训斥反而让学生产生逆反心理，这样就得不偿失了。

教育机智不是天赋，而是在长期的教育工作实践中不断磨练和经验总结中逐渐形成的教育能力和技巧。教育机智有时就体现在一句幽默的语言或者一个细微的动作上。当然不是任何问题都可以用短暂的思考就可以合理的解决,这时候完全可以把部分问题放在课后认真思考后再解决。在教育教学中,教师不能仅仅为了解决问题,解决问题的方法很多,对学生造成的结果却不同,这时就要体现教师的教育机智。【S2018-12】

上述教育轶事生动地再现了当时的教育情境,在讲解正弦函数的课堂上,一对看似亲密的男生的听课行为引起了学生的窃笑以及老师的关注。教师处理问题的机智性表现在,她并没有采用批评指责的方式来激化矛盾冲突,而是将两个学生过于亲密的举动诠释为学生的魅力,并且老师也认可了那个学生的魅力,这位教师处理教育事件的独特性就在于,她将审美从人身上很自然地转向数学函数。教师的教育机智体现了个人智慧,因为在面对同样的教育情境时,不同的教师会表现出不同的反应,因此,教师的教育机智与个体的人格特质紧密相关。教育机智的默会性就在于教师很难对自己的教育机智进行深刻的解读,往往将其行为理解为灵机一动的应急反应,并不能言说教育机智生成的内在过程。教育机智的可反思性意味着教育机智在某种程度上是可以通过反思来揭示的。在上述教育轶事中,写作者借助反思呈现了教育机智的行为过程,并且通过反思对教育机智产生了比较深刻的认识。通过对经验的深入反思才有可能形成教师的教育智慧。教育机智作为一种实践性知识,它所具有的情境性、个人性、默会性、可反思性等特征在不同的教育轶事中呈现的显明程度会有所不同。

灵机一动中迸发的智慧火花　>>>

　　在实践性知识的论述当中，值得一提的一个重要概念是"行动中反映"①。教育机智与行动中反映的联系是一个需要重点考虑的问题。"行动中反映"是教育思想家唐纳德·舍恩提出的一个重要的概念。范梅南在其著作《教育机智——教育智慧的意蕴》中对此概念进行过评论，他并不认同教育机智属于行动中反思的范畴，而是认为教育机智是一种智慧性行动。他坚称，"智慧性行动与反思性行动的区别在于前者以智慧的方式对它的行为关注，而不是从情境中撤出来反思各种办法和行动后果。因此，在我们谈到机智性行动时，我们不说它是'反思性'的，而应当说机智性行动是一种全身心投入型的智慧性行动。"② 由此可见，范梅南认为教育机智是一种全身心投入的智慧性行动，而行动中反思则暗含了反思者与反思对象的距离和对立。因而，智慧性行动能够更好地描画教育机智本身。但如果我们重新解读舍恩的"行动中反映"这一概念的话，也许范梅南与

---

① 舍恩的著作中的"reflective"一词翻译成中文大多使用"反映的"，比如其著作《反映的实践者》、《培养反映的实践者》、《反映回观》。至于为什么如此翻译，在《反映的实践者》一书中，译者夏林清——师从克里斯·阿吉里斯和唐纳德·舍恩——专门对此进行了澄清。他认为，"反映思考"一词不能翻译为"反思"。原因在于，舍恩的实践认识论所指涉的不是简单的反思，而是受到杜威的影响，强调实践探究，即"思考与行动交相缠绕的一个促使疑惑转变到释疑的过程。"（详见《反映的实践者：专业工作者如何在行动中思考》，舍恩著．夏林清，译．北京：教育科学出版社，2007年版，译者序，第6页。）尽管如此，还是有许多学者依然用"反思"与舍恩的"反映"理论进行对话。实际上，无论杜威还是舍恩，其思想和理论都在探讨知与行的关系问题，他们都在试图提出一种新的学术概念或框架去克服知与行的分离问题。比如杜威在其著作《确定性的寻求：关于知行关系的研究》中，深入探究了知与行关系的衍变，试图提出一种新型的知行观来克服知与行的分离与对立的问题。（详见：杜威．确定性的寻求：关于知行关系的研究 [M]．傅统先，译．上海：上海人民出版社，2005.）而研究者在这里对教育机智的研究也是放到知与行关系视域当中的。在某种程度上，研究者认同舍恩的行动理论和杜威实用主义理论中的合理成分，并且认为教育机智是克服了知与行的分离与对立，是知与行相融合的一个特例。

② 范梅南．教学机智：教育智慧的意蕴 [M]．李树英，译．北京：教育科学出版社，2001：146.

舍恩的思想差异并没有像我们想象得那么大。如果我们消解了身与心、知与行对立的话，我们可以说智慧性行动同行动中反映一样，是融身心于一体，知与行相贯通的身体化的实践。

小结：教育机智实践维度的提出，是为了突出教育机智作为一种实践性知识，具有实践性知识的本质特征，如情境性、个人性、缄默性、可反思性等。教育机智的情境性，一方面表明了教育机智与一般机智的关系，即教育机智是机智在教育情境中的具体运用，同时教育机智不同于日常生活中的一般机智，受到教育规范性的制约。另一方面，教育机智的情境性意味着导致教育机智发生的情境具有独一无二性或不可重复性，教育机智是一种情境化的知识，脱离了具体的教育情境，教育机智就无从谈起。教育机智的个人性表明，教育机智是植根于个体生命的一种独特的知识，与个人的人格特质、生活经验、社会阅历等具有一定的关联。教育机智的默会性彰显了教育机智的缄默性或者难以言传性。教育机智的可反思性意在说明，虽然教育机智具有默会性，但是通过反思可以在某种程度上被言传。通过比较教育机智、智慧行动与行动中反映，旨在说明教育机智是一种全身心投入的行动，是超越身与心、知与行对立的整体性行动，是融身心于一体，知与行相贯通的身体化的实践。

五、非教育机智的批判维度[①]

由于存在教育机智判别标准的差异，有时判断教师的教育教学行为是

---

① 本节主要内容选自研究者 2018 年 10 月参加由首都师范大学主办的第四届现象学教育学国际会议的论文，参会论文题目是《课堂提问的机智：基于学生学习体验轶事的现象学分析》，收录在 2018 年第四届现象学教育学国际会议论文集中。本节内容在会议论文的基础上有所删减和改动，特别是增加了一些引用的案例。

否属于教育机智是一件颇具困惑的事情。因此,为了更深刻的认识教育机智的特质,我们可以从典型的非教育机智的教学事件出发,反观教育机智的本质特征。如果我们能够很明确地判断该教育行为不属于教育机智的话,那么我们潜意识里就暗含着教育机智的标准,这样我们可以通过反思找到我们之所以如此判断的潜在标准,从而进一步明确教育机智不可或缺的根本特征。

(一)教育敏感性

李镇西说:"爱是教育的前提,但远不是教育的全部,因为教育更多意味着责任,即对孩子的一生负责。由爱而升华为责任,需要我们做富有智慧的老师。"① 教育机智是教师基于教育爱而产生的对学生个体学习体验的敏感性,在洞察与把握学生独特的学习体验的基础上对具体的教学情境做出的富有智慧的行动。如前所述,教育机智具有伦理的维度——教育善。这种善归根结底是一种教育爱,教育爱不仅是教师执业的道德根基,也是教育机智生成的源泉。由于教育爱的匮乏而导致对学生的学习体验无动于衷,对学生的福祉缺乏敏感性的教师是不可能表现出教育机智的。比如就课堂教学中的教师提问而言,如果教师对提问过程中学生的学习体验不够敏感的话,就很可能导致课堂教学的尴尬或困境。

课堂提问是师生之间人际互动的一种表现形式,师生互动的过程反映了师生的课堂生存状态。在这种特殊的人际互动中,不仅伴随着理性的思考与争辩,也存在着情感的投入,"情感和理智是无法完全区别,无法把它们截然分开的。"② 情感体验与理性认知的体验在学生的学习过程中交

---

① 焦晓骏. 教师的智慧(总序)[M]. 福州:福建教育出版社,2007:1.
② 朱小蔓. 与世界著名教育学者对话(第一辑)[M]. 北京:教育科学出版社出版,2014:66,62-63.

织在一起。在课堂提问情境中,学生会基于课堂上的自我表现以及教师的评价而产生骄傲与喜悦、羞耻与愧疚、羞怯与悔恨等诸多情感体验。课堂提问的机智离不开教师对学生学习过程中情感体验的敏感性。这种敏感性根源于教育爱,是教育爱的自然绽放。教育爱是教师从事教职的源动力,因为教育有爱,教师才会发展出对学生个体生活体验的敏感性,才能将学生学习过程中的喜怒悲欢纳入心中。范梅南的一位女学生曾讲过一个有趣的体验:小孩患感冒流鼻涕,如果是帮自己的小孩擦鼻涕的话,她擦的是自己的小孩;如果是帮别人的小孩擦鼻涕的话,感觉只是擦那个鼻子。①这两种感受的不同源于教育(养)者是否有爱。富有爱心的教师能够对孩子的情感体验表现出一种自然的敏感性,并做出适恰的回应。教师课堂提问时对学生生存状态及其学习体验的敏感性是教学机智得以生成的前提。接下来,我们将分析课堂提问过程中教师因缺少教育爱而产生的非教育机智案例。

当教师在课堂上提问,让学生分享对母爱的感受时,教师能否敏锐地察觉到是否每一个学生对于母爱都有太多的感动值得分享。让一个从小经历父母离异,从来没有感受过母爱的孩子当众讲述母爱的故事时,教师能否敏锐地捕捉到那个孩子表现出来的尴尬。如果教师明知孩子的家庭情况却又提问学生,这无疑就缺乏一种课堂提问的机智。如果教师不知道孩子的家庭情况,是否会敏锐地捕捉到孩子回答问题时的复杂体验:那尴尬的笑难以掩饰内心的自卑,那无声的泪水诉说着自己的委屈。如果教师对孩子的体验有一种敏感性,就会避免让孩子感受到嘲讽。教师对学生体验的无动于衷源于教育爱的枯竭,这种因为缺乏爱而导致的麻木与冷漠,不仅

---

① 朱小蔓. 与世界著名教育学者对话(第一辑)[M]. 北京:教育科学出版社出版,2014:66,62-63.

灵机一动中迸发的智慧火花 >>>

让学生产生对教师的憎恨、对学科的厌恶，而且对学生的人格发展产生了消极的影响。下面这则轶事反映了教师教育机智的缺乏对学生造成的伤害。

记得那是小学五年级的一堂语文课上，老师让我们全班同学一起思考母亲这辈子做过的最让你感动的事情（那时写作文都流行歌颂母爱这一类题材），待会儿点到名字的同学要到讲台上来讲。说来也十分尴尬，因为我从小父母离异，我对母亲实在没有什么记忆，更谈不上什么情感，恰巧老师也了解我的家庭情况，我笃定了老师点名不会抽到我，所以我根本没有思考，而是低下头回想我和父亲的美好过往，可事与愿违，偏偏老师就抽到了我。

当老师叫到我的名字时，我是一脸震惊，内心又有一点儿慌张，但更多的是一种羞愧，我的脸唰一下就红了，我颤颤巍巍地走到讲台上，然后面向大家。我的内心十分纠结，因为我确实和母亲没有交集，但是我又不能说我父母离婚了，我怕同学们嘲笑我，更怕同学们知道我的情况后同情我，也许是自尊心作祟，我一直对着大家傻傻地笑，试图用笑来掩饰我的自卑，我实在没有勇气讲出我的故事，这样尴尬的笑容大概持续了一分钟，我实在是忍不住了，眼角开始泛起了泪光，我想拼命地忍住，但实在太委屈了就开始抽泣。这时老师偏过头来，略带嘲讽地说了一句："咦，刚才还在笑，一会儿就哭了呀！"我永远都忘不了她那上扬的嘴角，轻视的眼神。在她说完以后，全班一阵爆笑，我伤心得不行，站在讲台上哭了好几分钟也没有讲，最终老师还是让我回到了座位上。

在那之前，我对老师是心生敬意的，她很关心我的生活，经常陪我聊天，像个朋友一样，可是在那之后，我对她心生恨意，我不明白她明明知道我的情况却让我当众出丑,我不知道她那句话是否真的带有嘲讽之意,反正这件事令我久久不能释怀,从此我再也不喜欢这个老师,更不喜欢上她的课,再也不找她聊天了。①

课堂提问情境中的教育机智是基于教育爱而产生的对学生学习体验的敏感性。因为教育有爱,教师才能敏锐地意识到,课堂提问是否触犯到学生的隐私、触碰到学生内心的痛。这种职业的敏感性使教师既不会对学生的抽泣与苦笑无动于衷,也不会对学生的沉默进行嘲讽。这种敏感性促使教师始终对教育教学的潜在风险充满警觉,"因为教育上的错误比别的错误更不可轻犯。教育上的错误正和错配了药一样,第一次弄错了,决不能借第二次第三次去补救,它们的影响是终身洗刷不掉的。"② 教育教学始终是充满缺憾的艺术,但只要教师始终怀揣这种敬畏之心和教育之爱从事教育教学工作的话,那么,教师就会自然而然地对学生的生存状态和学习体验保持着一颗敏感的心。

下述教育轶事中的教师行为让我们不由地怀疑其作为教师的执业资格。当教师在课堂教学情境中遭遇学生的提问或挑战时,教师该如何表现才不失教育机智呢?下面的教育轶事虽然没有给我们提供直接的答案,但至少为我们批判性地反思教育机智提供了启发。

那是一堂数学课。王老师正在向我们解释关于"直线、射线和线段"的几何概念。同学们都在聚精会神地听着。讲完之后,王老师问我们还有没有问题,如果有的话,就提出来。我猛然想到了一个问题,觉得很好,于是举起了右手。

"王老师,为什么'射线'只有一点而不是两点呢?"我歪着头,

---

① 该轶事选自学生在我开设的《现象学教育学》课程中所撰写的课程作业。
② 洛克. 教育漫话 [M]. 傅任敢, 译. 北京: 教育科学出版社, 2011: 2.

认真地问道。提完问题之后，我对我的问题很是自豪，期望老师能够表扬我动脑筋。整个教室一下子变得鸦雀无声。接着，我听到同学的嘘嘘声。我感到不安了，希望老师能够尽快给我答案。

只见王老师的脸由晴转阴，最后变得铁青。

啪！王老师突然猛地一拍桌子，大声训斥道，"你为什么有两只眼睛，而不是一只眼睛?！为什么你叫崔琴，不叫崔牛、崔马呢?！"

全班同学顿时哄堂大笑。我被王老师的回答和咆哮如雷吓得目瞪口呆。眼泪在我的眼圈里打转。我不知道我是怎么坐下来的。我的耳边全都是嘲讽的声音。我忍不住趴在桌上哭了起来。[1]

由上述教育轶事，我们很容易判断这位教师的行为不属于教育机智。学生在数学课堂上问了老师一个看似简单却很难回答的问题："为什么射线只有一个点而不是两点呢？"很显然，数学老师很难直接回答这个问题，愤怒地回应学生说："你为什么有两只眼睛，而不是一只眼睛?！为什么叫崔琴，不叫崔牛、崔马呢?！"言下之意，这个问题与其说是一个问题，不如说是一个常识，学生的提问简直多此一举。教师的这种回应与反问看似幽默，但处处充满着对学生的讽刺。教师的这种行为绝不是教育机智，因为我们无法从教师的言语中体会到教师对学生的教育爱，以及对学生学习体验的敏感性，富有教育爱的教师懂得小心翼翼地呵护学生的好奇心，而不是扼杀学生的求知欲。

（二）教育理解力

教育有爱才会对学生的生活体验敏感，才会始终关注学生的生存状态，才会眼里有每一个孩子。范梅南认为，教育学敏感性和教育行动的机

---

[1] 王萍. 教育现象学视域中的教育机智[J]. 教育科学研究，2012（4）：72-73.

智需要"教育者在孩子更广阔的生活历史背景中理解孩子的学习和发展。"①教育学的敏感性使得教师对学生的生活背景——社会的背景、家庭的出身、生活的经历——充满惊奇。这种惊奇促使教师走进学生生活世界,去探究学生在课堂上的不同表现是如何与其生活经历的背景相关联。教师的教育机智在于把握两者的关联。然而,师生之间的代沟却是横跨在教师走向学生生活世界途中的最大障碍。教师之为教注定了教师是走在学生前面的人,教学关系注定了师生之间的交往是代际交往,师生之间的代沟凸显出教师理解学生生活世界的急迫性。不同的身份角色与生活阅历导致了教师在理解学生时可能存在偏见与误解,但这并不意味着否认理解的可能性,而是意味着激活教师走进学生生活世界动机的可能性。课堂教学的机智要求教师能够悬置自己的偏见,将学生的课堂表现放到更深刻的生活背景中去把握。

在课堂提问情境中,当教师发现回答问题的学生是一个脏兮兮的小女孩时,机智的教师应该感到疑惑或震惊,这个孩子为什么会如此的与众不同,当教师产生疑惑的时候,恰恰是教师开始走向孩子生活世界的开端。机智的教师会尝试去发现学生的课堂表现与学生生活背景的关联。但很显然,并不是所有的教师都会对学生的生活世界感兴趣。下面这则教育轶事恰恰反映了这一点。

  小学四年级的时候,因为我家附近的学校教学环境很不好,父母便费尽心思将我转入县上的小学。我是一个刚刚十岁便开始住校的学生,这就意味着,我没有妈妈每天替我准备干净的衣服,也没有妈妈梳的漂亮发型。但是,班级中大多数同学都是县上的学生,他们每天

---

① 范梅南. 教学机智——教育智慧的意蕴[M]. 李树英,译. 北京:教育科学出版社,2001:71-72

有父母来为他们检查听写和辅导功课，而我只能每一周都盼望着周五的到来。

　　班级里的一切对我都是那么陌生，初来乍到的我也在这种环境中小心翼翼地学习。我听不懂漂亮的英语老师每天"Sb."、"Sth."的在说些什么，我也听不懂瘦小的数学老师在黑板上讲解的算术和应用题。所以，当时的我是极其害怕这两节课的，每一次上课前都努力地去回顾或者询问同学上节课留下来的问题生怕上课时提问到我。

　　那是个星期五的上午，我穿着已经穿了五天的黄棉衣期待着下午放假坐车回家。上午只有一节我不喜欢的数学课，我想只要度过这节课，我这悬了一个星期的心就可以放下了。数学老师是一个很瘦的女老师，一双很大的眼睛配在她极其瘦弱的脸颊上，所以她每节课环视课堂一周时，我背后都会冒一阵冷汗，在她提问时我沉默地低着头，不敢与她对视，生怕她叫到我的名字。"冉静怡（化名），你来做一下这道题。"老师环视了周围一圈说。我快速地从椅子上站起，那道题我做过，可现在怎么都想不起来，我磕磕巴巴地将题目读了一遍，脸越来越红，我发现同学们都在看着我，老师的表情也越来越严肃，最终也只是说了一些无关紧要的废话，我低下了自己的头，期盼着老师别再问我了，也希望同学们的视线能从我身上移开。而接下来的话，我想我可能永远都会记得，数学老师瞪着她大大的眼睛说："你一天到晚干吗呢，学了这么久就学这样，你看看你的衣服，你就像个垃圾堆里捡来的小孩……"后面说了什么我已经记不清了，我当时不仅仅觉得是丢人，当老师说我的衣服和我像是垃圾堆里捡来的时候，我更觉得是一种被家庭和老师放弃的小孩一般。老师最终让我坐下了，可那节课我赌气般的没有看过她一眼，下了课我周围的同学都围上来安

132

慰我，我嘴里说着无所谓可心里却愈发地惧怕这个老师了。

那天下午的课我没有去上，我穿着我那似垃圾堆中捡来的黄棉衣逃学了，那是我第一次逃课，可是我不害怕，我想逃离那个充斥着嘲讽的校园，我也想那个永远视我为珍宝的妈妈。①

由上述教育轶事中可以看出，教师缺乏一种走进学生生活世界的能力。教师对学生的表现只是在用肉眼看、耳朵听，缺乏用心关注与悉心倾听。教师用眼睛看到的只是孩子的脏兮兮，用耳朵听到的只是拙劣的课堂回答。教师的那一句"你就像个垃圾堆里捡来的小孩儿"表面上是在批评学生的着装，实际上是在表达对学生的厌恶与失望。那位教师感受不到那个寄居在县城学校里的乡下小女孩的辛酸。为了求学，她抑制着对父母的依恋，然而在学校里却又感觉不到教育的爱。身在校园却心无归属，只能期待着每个周末的归途。机智的教师应该敏锐地捕捉到学生的课堂表现与其家庭背景的关联，"每一个孩子的生活都是一个故事。这个孩子在学校的表现必须依据这个故事才能加以测量和理解。"② 要实现机智的课堂提问，教师应该悬置自己的偏见，尝试从一个孩子的课堂表现去揣摩她的家庭，努力去理解学生学习生活的背景。机智的课堂提问不是让学生感受到家庭和学校对孩子双重的抛弃；机智的课堂提问应该让学生感受到教师给予的"替代式父母"的关爱；机智的课堂提问能够弥补学生学习生活中那暂时缺失的亲情之爱。

教师对学生学习体验的深刻洞察离不开教育的敏感性。教育的敏感性使得教师始终对自己的言行保持警惕，从而不致于使自己不经意或无心的

---

① 该轶事选自学生在我开设的《现象学教育学》课程中所撰写的课程作业。
② 范梅南. 教学机智——教育智慧的意蕴［M］. 李树英，译. 北京：教育科学出版社，2001：234.

行为伤害了学生。下面的教育轶事反映了教师由于缺乏敏感性导致自己评论的话语破坏了良好的教育教学关系，对学生人格的发展产生了深远的消极影响。

高中时候的我，因为家里出了一点事变得十分敏感、自卑，却无比希望获得他人的肯定。记得那是在高中的一次数学课上，老师在黑板上布置了一道比较难的数学题，让我们在座位上完成它，而老师则在教室里来回走动，观察每个学生的完成情况。而我是那种成绩一般，容易在人群中被忽视的那种学生，因此当老师朝我走来时，我的内心既忐忑不安，又满怀期待，既希望老师不要关注我，又希望老师能够看到我做的题对我进行赞赏。这时，老师走到了我的座位旁，停下，而后对我点了点头，我的内心十分激动，老师这是在赞赏我吗？她认可我了？我十分开心。老师继续往前走去，在我的前桌旁边停了下来，看了看她所做的题，对她说："你看看，连贾慧都做出来了，你怎么没做出来呢？"我的前桌是一个比较得宠的孩子，平时成绩优异，也极得老师喜欢。也许，老师这句话只是无意一说，可对于我来说，却不亚于一盆凉水向我袭来。我刚刚满怀激动的心霎时变得一片沉寂。从那以后，我便再也不喜欢那个老师了，我也知道这个老师从来没有看到过我。但我并没有放弃数学，因为我想让她知道，我就是比她喜欢的那个同学厉害。最终，我高考数学成绩比她喜欢的那个同学高。【S2019-3】

从上述轶事当中，我们可以体会到一个学习成绩不是很优异的学生做出了一道比较难的数学题时渴望得到老师认可的激动心情，但是这种激动和开心的心情却被老师的一句话浇灭了。这句话显然是那位老师对一个得宠孩子的激励："你看看，连贾慧都做出来，你怎么没做出来呢？"这样一句话不仅如同一盆冷水浇灭了学生如火焰般跳动的激动心情，同时也令另一位学习好的学生难免感觉到一种压力和羞辱。在某种程度上，教师说的虽是实话，但是实话带来的却不是积极的影响。从教师教学语言艺术的角度看，不论这是否是教师有意施加的激将法，这位教师都是缺乏教育机智的，因为他没有敏感地把握到自己的话语可能给学生带来的消极影响。

（三）教育洞察力

教育机智离不开对独特性的深刻洞察。从对普适性理论的寻求转向对情境化知识的关注体现了教育者的机智。比如，当面表扬、私下批评似乎是一种有效的教育手段，但是脱离了具体的教育情境就失去了意义。机智的教师不崇拜、不固守教育理论，而是坚信实践性知识的价值。如果教师具有教育的洞察力就能够明白，当面表扬也许给学生带来的不是欣喜和荣耀，而是同辈群体的嫉妒和愤恨。因此，"重要的是，教师要了解表扬学生的积极影响和可能产生的消极影响。"[1] 机智的教师能够关注教育的情境性、教育对象的特殊性，以及教育方法的灵活性。教育机智表现为对教育情境中学生学习体验的深刻洞察，对教育行动效果和意义的深刻理解。如范梅南所言，"没有哪两个孩子是完全一样的，也没有哪两个孩子拥有完全相同的情境体验。"[2]在课堂提问情境中，每个学生的学习体验也会具有自己的独特性。机智的教师能够敏锐地洞察到学生学习体验的独特性，并做出不同的回应。比如，在学校中，基于学业成绩的表现，学生被贴上学困生或学优生的标签。这种基于学业成绩而生成的外在认同，在重要他

---

[1] Van Manen M. The Tone of Teaching: The Language of Pedagogy [M]. Onario: The Althouse Press, 2002: 35.

[2] Van Manen M. The Tone of Teaching: The Language of Pedagogy [M]. Ontario: The Althouse Press, 2002: 9.

灵机一动中迸发的智慧火花 >>>

人——教师、家长或是同学——的话语认同中得以强化,并逐渐转化为内在的自我认同:学霸或学渣。无论是学困生还是学优生,他们在课堂学习情境中的生存状态和情感体验也会迥然有别,需要教师做出机智的回应。毋庸置疑,在学校生活中,每一个学生都在努力地生存着,在课堂教学中,每一个学生都有自己独特的生存法则。课堂提问对于学优生来说,可能是展现自我,获得教师与同学认可的舞台,但对于学困生来说,如何伪装自我,维护自尊才是真正的生存状态。教育机智需要教师能够对学困生独特的学习体验感同身受,能够体会到学困生为维护自尊而付出的努力与忍受的煎熬。下述教育轶事中反映了学困生独特的生存状态和生活体验。

初春的清晨,阳光温暖,鸟语花香,然而我的心情却并没有一丝的愉悦,因为今天前两节课全是英语课。我是一名英语成绩不过半的英语渣子生。

今天老师讲习题课,这是我最害怕的事了,因为习题课老师总是喜欢点名回答问题,被点到的几率也大大增加了,这使我显得更加担忧。习题课上像往常一样,沸沸腾腾的,老师提出问题,下面的学生有的小声地随口说出自己的答案,有的交头接耳讨论着自己的见解,也有的学生默不作声,而我就是那默不作声中的一分子。老师的习惯是不急着点名,留些许时间给同学们思考,确定自己的答案。而我内心是担忧的,我低着头,死死地盯着题目一动不动,生怕引起老师的注意力。我不像表面一动不动那么简单。作为一名英语差生,我并非对老师的提问题毫无办法,虽然我不会回答老师提出的问题,但我没有坐以待毙,我身体虽然一动不动,但是我的耳朵却一直在发挥着最大的功用。我努力地听着周围同学们的声音,从中挑选出最有可能的答案。一般来说,同学们提及最多的答案必然就是正确答案了。如果我被提问，那么我便将那提及最多的答案说出来，这就是我总结的经验。那提及最多的答案，即使不是正确答案，那么也是一个高级的错误答案，因此即使错了，也不会被老师惩罚，更不会被同学们嘲笑，因为那些答案代表着大部分同学们的决定！我每次使用这招总是无往不利。老师回到了讲台上，那么他就要点名回答问题了，而这时候的我已经没有那么紧张了，因为我已经搜寻到了最有可能的答案，而这个答案被周围的同学们一致认可。这个时候，凭经验可以判断这道题比较简单，我的这个答案很可能是正确的，于是呢，我慢慢地抬起头，轻松地看着老师，因为我不害怕嘛，在我看老师的那一刻，老师也看向了我，我从中看到了些许的光，也许是因为惊讶吧。他果然点起了我，我慢慢起身，面带微笑地说出了那个我很信赖的答案。然而，老师听后脸色一黑，这时候我的笑容也僵住了，我知道一定是错了，这次真是装大了，我想不要抬头不好吗？又让老师失望了，真是好丢脸呀。[1]

由上述教育轶事可以看出一位学困生在课堂学习中复杂的内心世界，但是教师却不具有洞察学生内心世界的能力，否则学生也不致于在回答问题时出丑。对于学困生而言，面对教师的提问，担心、害怕是最自然不过的，但是这个学生没有坐以待毙，而是找到了化解这些不良学习体验的生存法则：沉默不语却耳听八方，窃听他人答案，猜测正确答案。她俨然成了学生讨论结果的发言人，因此即使发言错了，也不会得到老师的惩罚，更不会得到同学的嘲笑。这种屡试不爽的生存法则，也有失利的时候，当所有的伪装被揭穿时，内心感觉到的是羞耻和老师的失望。

---

[1] 该轶事选自学生在我开设的《现象学教育学》课程中所撰写的课程作业。

灵机一动中迸发的智慧火花 >>>

　　在课堂上，学困生有自己的生存法则，学优生的内心世界也并不轻松，学优生也会感受到优秀与表扬带来的压力。机智的教师应该敏锐地洞察到，班级是一个有着复杂人际关系的小型社会，学优生虽然内心渴望获得教师的认同，但是并不想把这种认同建立与同伴平庸的对比基础之上。机智的教师能够敏锐地洞察到，学优生在面对教师的当众夸奖与赞美时感受到的压力，机智的教师能够使学优生规避同学的排斥或嫉妒。"有时候，教师想要表扬一个学生，但他们并非总能意识到这样的表扬可能会使学生陷入困境。"① 著名作家毕淑敏曾描述过自己小时候因为作文写得与众不同，在课堂上经常被老师当做范文来读时复杂的内心体验。"被老师读作文的时候，心情像一颗怪味豆。最初当然是甜的了，哪个学生不愿意受到老师的夸奖？可慢慢的，咸味和涩味就涌上心头。"② 因为下课以后，"全班同学好像结成了孤立我的统一战线，跳皮筋，两边都不要我。要知道平日里，因为我个子高，跳得又好，大伙都抢着跟我一拨呢！我和谁说话，她会装作没听见扭身走开，然后故意跟别的人大声说笑，一块儿边说边看着我。在我幼小的心里，第一次懂得了什么叫孤独，什么叫被嫉妒。"③ 为了避免这种来自同辈群体的认同危机，她尽量把作文写得平淡，避免老师的夸奖，但老师察觉到她的异常表现，询问原因时，她"执犟地保持沉默。不是不愿意告诉老师原因，而是不知道怎么说。"④ 她心想，"假如我说了，老师会在班上把同学们数落一顿，……那我的处境就更糟了。"⑤

---

① Van Manen, M. The Tone of Teaching: The Language of Pedagogy [M]. Ontario: The Althouse Press, 2002: 36.
② 毕淑敏. 我很重要 [M]. 长春：时代文艺出版社, 2006: 45.
③ 毕淑敏. 我很重要 [M]. 长春：时代文艺出版社, 2006: 45.
④ 毕淑敏. 我很重要 [M]. 长春：时代文艺出版社, 2006: 46.
⑤ 毕淑敏. 我很重要 [M]. 长春：时代文艺出版社, 2006: 46.

后来机智的她建议老师不要在课堂上当众提自己的名字,这才化解了来自同伴群体认同的危机。

课堂提问看似是一个简单的教师提问点名——学生表现——教师评价的过程,但是在这看似短暂的课堂提问中,学生的内心世界却发生着复杂的情感波澜。学生的每一次回答问题都在努力向教师表明自我存在的价值,都渴望获得教师的话语认同,尽管并不能总会实现。在课堂提问中,基于学生课堂表现的教师评价不断强化着学困生、学优生的自我认同,从而造成了学生生活世界的分化以及学生群体的等级划分。这种学业等级的划分,逐渐被学生认同、固化,成为学生同伴人际交往难以克服的壁障。学生之间的偏见、嫉妒、排斥就会由此产生。学优生害怕老师在课堂上把自己作为令人羡慕或嫉妒的学习标杆与榜样。虽然学生很在意教师的认同,但是众目睽睽下的关注与赞赏,可能使学优生面临同辈群体认同的危机。教师只有具备了洞察学生独特的学习体验的能力,才有可能对学生的行为作出适恰的回应。

(四)教育回应力

教育回应力即教育者对教育情境做出适恰回应的行动能力。教育机智源于教育爱,体现为对学生学习体验的敏感性,对学生生活世界的惊奇与探究,对学生学习体验独特性的洞察,最终落脚于对学生做出适恰的教育行动。课堂提问情境中的教育机智表现为教师基于学生的学习体验而即时做出的适恰的回应。机智的教师明白,每个孩子在课堂提问情境中的学习体验是迥然有别的。有的学生感受到的是骄傲,有的学生体会到的煎熬,有的学生感受到的是自信,有的学生体会到的则是自卑,不一而足。机智的教师则是给予不同学生不同的回应,让自卑的孩子得到鼓励和信心,让自尊心强的孩子免于羞辱,让课堂提问成为每个孩子展现自我、超越自我、实现自我价值的舞台。比如，羞怯的学生在面对教师提问时充满着不自信，一方面害怕自我被曝光在众目睽睽之下。另一方面，害怕自己的丑被大家知晓，总是想尽一切办法来掩饰自己的存在。羞怯的学生讨厌众目睽睽之下的那种审视，感觉自己就像动物园中一只被围观戏耍的猴子，羞怯的学生更喜欢当一个匿名的旁观者而不是闪光灯下耀眼的明星。总而言之，教师应该根据不同学生的特殊性不失时机地做出适恰的回应。比如，对于课堂教学中敢于向老师提问甚至为难老师的学生，教师应该以宽容的心态包容学生，呵护学生的好奇心，鼓励学生积极参与课堂，但并不是所有的教师都有能力对不同类型学生的课堂表现做出机智的回应。下述教育轶事为我们批判性地反思教师的教育回应力提供了启发。

一位有着三十多年教龄的老教师接受学校安排上了一堂观摩课《小马过河》（第二课时）。当进行到最后一个环节——激疑拓展，自主延伸时，老师说："学习了这篇课文，同学们还有什么问题吗？"一位同学站了起来，说："老师，课文里老马让小马亲自去河里试水的深浅，这样做对不对呢？假如我们面对一条不知深浅的河，也亲自去试，万一这条河真的很深，我们不是会淹死吗？"看来这位同学还真进行了思考，而且联系实际提出了自己的疑惑。显然这位老师没有想到学生会提出这样的问题，因为《小马过河》一文是曾荣获全国童话创作一等奖的经典名作，一直是小学语文课本中的保留篇目，文章通过故事告诉孩子们：实践是检验真理的唯一标准。可学生却对老马的话提出了质疑。老师对孩子的提问一时不知道该如何作答，面对众多的听课老师和全班学生，他的脸红了又红，最后只好宣布："同学们，由于老师没有思想准备，对于这个问题，等老师考虑一下课后再予以解答。"好在过了一会儿下课铃声响了起来，听课的领导和老师不无

遗憾地离开了教室……①

教师的教育机智是在具体的情境中做出的一种即时适恰的回应，由上述教育轶事可以看出，这位老师面对学生的提问，并没有做出适恰的回应，因而并没有表现出教师的教育机智。当学生提出"假如我们面对一条不知深浅的河，也亲自去试，万一这条河真的很深，我们不是会淹死吗？"这样的疑问时，教师首先要做的是肯定与鼓励这位学生善于思考，敢于质疑的学习精神，因为学生提出的问题确实值得回应，而不是对教师的有意刁难或无理搅局。但是面对这种课堂突发事件，这位教师却缺乏机智应对的能力，陷入了尴尬的境地，教师的回应——"同学们，由于老师没有思想准备，对于这个问题，等老师考虑一下课后再予以解答"——虽然表现出老师的坦诚，但是很显然缺乏教育的机智，在课堂公开课中，这本该是老师可遇不可求的课堂出彩的机会，却因为老师无法做出机智回应而给听课老师留下了遗憾。

小结：本节主要从教育爱、教育敏感性、教育理解力、教育洞察力和教育回应力五个维度对教育机智进行了批判性反思，从而呈现出教育机智的构成要素或特质（见图3.1）。接下来从宏观的角度概述总结一下教育机智各要素的关联，以便在微观的视角下深入考察教育机智的生成路径。首先，教育机智源于教育者内心最深沉的爱，这种爱体现在师德的层面上，即对教师职业的爱以及对学生的爱，这两者是融合在一起的。有的教师整天跟学校的孩子泡在一起，下班之后不回家，就是喜欢孩子，就像孩子的父母一样，这样的教师是充满着教育爱的。正是因为教师有爱，才会关注学生的身心发展、成长成才，才会将孩子的喜怒与悲欢、不幸与福祉

---

① 钱瑾. 如果我是那位老师——也谈教师的教育机智［J］. 江苏教育，2009（16）：40.

纳入心中，就像家长在茫茫的学生人群中很快就能找到自己的孩子一样，教师也能从众多学生群体中一眼就能识别出自己班的孩子。教师职业与其他职业相比一个最大的不同是需要融入爱、感受爱，这是教育、教学关系不同于其他人际关系的地方。正因为此，教师才会对自己学生的喜怒悲欢充满敏感性。这种敏感激发了教育者理解的欲望，教育者很想知道自己的教育教学行为对学生产生了怎样的影响，学生是如何体验教育者的教育教学行为的。"一个具有教育机智的教师应该是一个敏感度很高的人，他能够根据学生的表情、动作、语言等一些最直接的外在线索和表现，来理解学生的思想感受和主体愿望。这样的教师能通过学生的一些行为动机，有效地解读学生的内心世界。"① 这种理解的能力与教师的洞察能力是紧密相

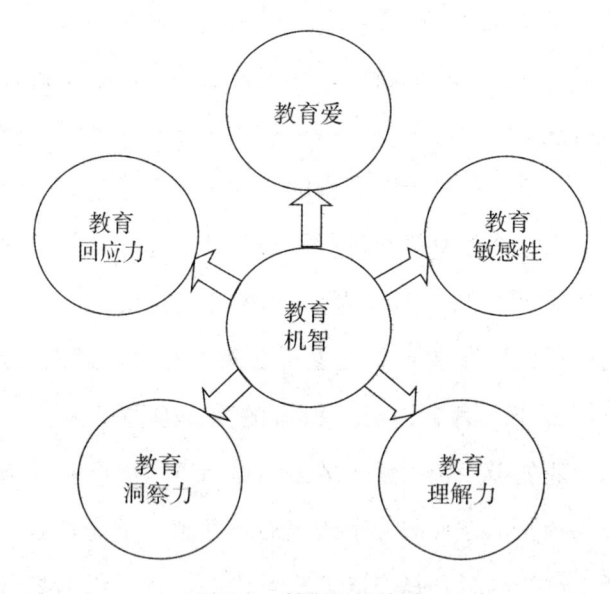

图 3.1 教育机智特质

---

① 高风春. 对教师的教育机智与课堂教学有效性的思考 [J]. 基础教育参考, 2018 (23): 59.

连的，理解力会促进洞察力，洞察力会影响理解力，对于教育机智发生的情境而言，没有太多时间停下来进行反思，往往依靠一种行动的直觉。这种建立在洞察与理解基础的行动力是教育机智的外在表现，教育机智是教育爱在教育突发情境下的自然显现。

由此可见，教育机智涉及知与行、心与身，情感与理性，体现了知与行的统一，身与心的统一，情感与理性的统一。教育机智是一种实践性知识，是一种行动中识知，是不充分的思考。深思熟虑实际上把教育思想与教育实践分隔开来，从而有可能错失教育时机，无论是否体现在教育行动中，都不可能称之为教育机智了。从理论与实践对立的角度而言，理论或思想强调慢的逻辑，体现了思虑周全或深思熟虑。而实践或行动，是快的逻辑，伴随着不充分的思考，因此行动意味着风险。情感与理性的分离，违背了人的本性，忽略了人的完整性，情绪控制下的行为难以产生机智，情感与理性的统一才有可能产生机智的行为，身与心的对立会导致知与行的断裂。教育机智是一种身体化识知，一种实践性知识，它克服了知与行的对立。这正如我国古代思想家王阳明提倡的知行合一思想，"知是行的主意，行是知的功夫；知是行之始，行是知之成。若会得时，只说一个知，已自有行在；只说一个行，已自有知在。"[①] 虽然，我们倾向于说机智是一种行为，但是机智本身是融身与心、知与行于一体的。关键是回到事情本身，领会机智的本质，而不是单纯进行语词的辨析。正如王阳明所言，"知行本体原是如此。今若知得宗旨时，即说两个亦不妨，亦只是一个。若不会宗旨，便说一个，亦济得甚事？只是闲说话。"[②] 在王阳明看来，"'知'就是内在的行动，'行'就是外化的观念，二者是一而二、二

---

① 王阳明.传习录［M］.姚彦汝，译.北京：北京联合出版公司，2015：10.
② 王阳明.传习录［M］.姚彦汝，译.北京：北京联合出版公司，2015：10.

而一的。所以在王阳明的辞典里，根本找不到一个没有行动的'知'，也找不到一个没有观念的'行'。"① 由此，我们将知与行视为机智的一体两面。

本章结论

  首先，本章从教育机智的伦理维度、情感维度、创造维度和实践维度四个层面阐明了教育机智的根本特征。教育机智的伦理维度是为了将教育机智与教育机诈相比较。通过教育机智伦理维度的分析，我们可以得出结论，理想或完美的教育机智是善的动机、善的手段与善的结果的统一。但是从教育实践的角度来考量，我们发现，教育机智或多或少存在着善的动机、手段与结果的不一致，其中一个最重要的体现就是善意的谎言。善意的谎言在日常生活中人际交往的层面上多为人们所接受。我们认为，在教育机智中如果出现善意的谎言也是可以接受的，即教育行为存在着善的动机、不善的手段和善的结果，这种教育行为仍然属于教育机智的范畴。教育机智的情感维度揭示了教育机智的动机在于消除师生关系中存在的尴尬感受或摆脱双方人际交往的窘境。尴尬的体验意味着师生在人际交往中导致了教育教学关系的僵滞。交往双方关注的焦点脱离了教育教学本身，处于困境中的教师或学生成为关注的焦点。尴尬的存在使身处教育教学困境的人感到无所适从、束手无策。教育机智意味着关注的焦点向教育教学的回归，意味着教育教学困境的脱离、人际交往的顺畅。注视或审视的理论可以对此进行比较深入的诠释。尴尬的情感体验往往是由于他人注视的存在，在他人关注的目光下，身处困境的人的无所适从与不知所措尽现眼

---

① 王觉仁. 王阳明心学 [M]. 北京：民主与建设出版社，2015：59.

144

前。在课堂教学中尴尬往往表现为一种令人难以忍受的课堂气氛。这种课堂气氛往往令人感到压抑，师生关系陷入僵滞难以自拔。通过对教育机智创造维度的分析，我们发现，教育机智之所以称为机智，是因为教师对教育事件的理解、化解尴尬的手段、获得的教育效果是不同寻常的，富有创造性的。机智的教师在面对教育困境时能够控制自己不理性的情绪，缓和矛盾而不是激化矛盾，能够从负面的教育事件中发掘积极的教育意义，能够从学生的消极行为或搅局行为当中发掘出正向积极的动机，能够在批评学生的同时维护学生的自尊，能够以幽默、自嘲的方式化解彼此的尴尬等等。借助教育机智的实践性维度，我们分析了教育机智的情境性、个人性、默会性和可反思性特征。教育机智的情境性反映了教育机智是一种情境化的实践性知识，体现了教育机智与情境的关联。教育机智的个人性反映了个体人格特质对教育机智的影响，体现了教育机智与人的关联。教育机智的默会性反映了教育机智的缄默性，体现了教育机智与语言的关联。教育机智的可反思性，反映了教育机智作为思维对象的可能性，体现了教育机智与意识的关联。

此外，本章还从典型的非教育机智的事例中反思教育机智的根本特征。教育机智源于最深层的教育爱，教育爱不仅是教师从教的基础，更是教师对学生学习体验敏感性的前提，教育爱使得教师从学生的外在表现中洞察学生的内心世界，将学生的喜怒悲欢纳入心中。教育机智还体现为一种适恰的教育行动力。教育机智蕴含着教育爱、教育敏感性、教育理解力、教育洞察力与教育回应力，是知与行、身与心，情感与理性的融合与统一。

第四章

教育机智的生成路径

> 我们并不能找到机智行动的理论知识、具体技巧或者一般的规则。
> ——Van Manen, M. (The Tone of Teaching)

教育机智发生的情境多具有突发性、偶然性,而且这种突如其来的教育情境往往令教育者感到始料不及,甚至陷入尴尬境地,而教育者要想摆脱尴尬的局面就必须机智地加以应对。这种突发的教育情境可能来自多个方面,最典型的是来自学生,学生作为教育要素中最为能动的构成部分,很有可能对正常的课堂教学产生干扰或影响,比如,课堂上学生思想的抛锚,学生之间的争吵,学生对教师教学的质疑,学生的迟到等等。教育教学中的意外事件也有可能来自教师本身,比如,教师点名时突然发现不认识学生的名字,教师授课时突然发现自身的教学失误等等。教育教学中的突发事件也有可能来自外界环境的干扰,比如,学生被教室外面嘈杂的声音吸引,教室里飞来的燕子、蝴蝶、蜜蜂或出现的老鼠等不速之客对课堂教学的干扰,教室多媒体或录播设备出现意外,或者U盘无法识别,文件无法打开等等。无论这些突如其来、始料不及的意外事件来自教师、学生还是外在环境,它们都影响到了课堂教学的正常进行,成为教师急需应对的一个问题情境。因此，将突发的、偶然的教育事件建构为一个亟需解决的教育问题是教师做出机智反应的一个重要的前提。

一、教育机智生成的前提：教育问题意识

教育问题意识是教师行动的一个重要前提，在一定程度上说，教育机智源于教师的问题意识，即教师对教育问题或教育情境的敏感性。如果教师内心深处并没有意识到教育突发事件带来的教育问题或教育危机，那么他就不可能产生应对问题的动机，结果教师就会对教育问题视而不见，从而错失教育契机。此外，还存在教育问题情境被教师故意忽略的可能性，无论哪一种情况都反映了教师的教育信念。教师对职业缺乏认同感，对学生缺乏教育爱，或者充满职业倦怠，这些都会导致教师对教育问题情境的麻木或无动于衷，不可能激发教师的教育机智。因此，教师的行为方式与其信奉的教育理念或者教育信念紧密相关。问题意识作为一种意识类型体现在对问题的敏锐捕捉上，有的教师对教育问题情境视而不见，无疑缺乏的是问题意识。下述教育轶事体现了教师教育问题意识的缺乏。

最近，在一次语文公开课上，我正在教聋校语文教材第四册第十六课看图学句："一阵风把讲桌上的一叠作业本吹落在地上，宋彩珠连忙把作业本拾起来，整理好。"为了让聋童能正确地理解"连忙"这个副词，课前我根据句子的内容用多媒体软件设计了一个课件，旨在通过形象的画面将静态课文动态化。可当我打开软件，正准备让学生观察画面情景时预想不到的事情发生了，电脑突然死机，无法启动。此刻，学生默默地注视着我，听课老师也在静候，教室里一片寂静，我心急如焚。这时，专职电脑老师连忙前来帮助我排除故障，不一会儿，故障被排除了，屏幕上的画面又出现了，这期间约有2分半

钟的教学空白。接着，我继续按照原教案顺利地进行教学，直至下课。

课后，我为能按时完成教案而舒了一口气。不料，听课的老师向我提出了这样一个问题：你在电脑发生故障的 2 分钟里是怎么想的？你是否意识到刚才课堂上发生的故障，正是为聋童提供一个学习"连忙"这个词语的最佳时机吗？此时，我豁然开朗：对呀，那 2 分半钟的空白我怎么就没有很好地利用呢?!画面上的情景不就是为了让聋童准确理解"连忙"而创设的吗？可是，当现场真实情景出现时，我怎么就视而不见呢？我的教育机智到哪里去了呢？[1]

由上述教育轶事可以看出，这位教师之所以无法表现出教育机智是因为其关注的焦点始终停留在电脑故障的处理以及恢复课堂教学上，而没有意识到课堂教学中的突发事件可以转化为教学的资源，从而错失了教育的良机。直到下课后听课老师对他反馈"你是否意识到刚才课堂上发生的故障，正是为聋童提供一个学习'连忙'这个词语的最佳时机吗？"这时他才意识到这个问题，从而有一种豁然开朗的感觉。"课后，我为能按时完成教案而舒了一口气。"由此可见，在这位老师的教育观念里，按照预定的教学设计完成教学任务才算是课堂教学的成功。这位教师过于注重课堂教学的预设性，根本没有意识到课堂教学的生成性。这种教育教学的观念导致了教师对课堂突发事件的束手无措，无法将将其转变成富有教育意义的事件，是不可能产生教育机智的，教育机智是建立在对教育教学本质的深刻洞察基础之上的。

问题意识从何而来？从根源上说，问题源于矛盾与冲突，问题意识则

---

[1] 张剑瑾. 公开课上的一次电脑故障——对教育机智的反思[J]. 现代特殊教育，2003(12)：20.

是对矛盾与冲突的敏锐感知。对于教育者而言，问题意识的产生是因为教育事件与教师的教育理念、价值观念或者更深层的信奉理论产生了矛盾或冲突。比如，学生上课迟到、睡觉、看课外书、交头接耳等行为什么会引起教师的反感，进而产生问题意识，觉得有必要做出处理。因为这些行为违背了教师所谓的常态课堂的应然状态，挑战了教师的师道尊严，干扰了正常的课堂教学，与教师的教育观念产生了矛盾与冲突。教育者与学习者之间的代沟注定了师生之间是一种特殊的人际交往，师生之间存在的价值观念、思维方式等方面的冲突有时会成为课堂教学危机的来源。教师只有意识到课堂教学的危机或困境，才有可能做出行为方面的反应。问题意识会激发教师的行为动机，但有行为动机却不一定能落实到行动上，这还关涉到教师的行动能力。一种情况是，教师无法对突发事件做出回应或者不知道如何应对只能本能地选择忽略。另一种情况是，教师做出不恰当的回应导致事态恶化。还有一种情况是，教师做出适恰的回应，表现出教育机智。接下来，我们将引用三个教育故事来分别来阐明这三种情况。

面对突发的、意料之外的教育事件，有的教师可能由于有心无力，而只能采取故意忽略的方式来处理，因此不可能表现出教育机智来，下述教育轶事就说明了这一点。

那是一节由全市地理教师都参加听课的公开课。课题是七年级上册的"地图"。为上好这节课，我真是煞费苦心：备课、查资料、制课件、一遍遍地试讲，甚至把课堂上要说的每一句话都写下来背过。没想到，如此精心准备的课，在实施教学时还是出现了意外。课堂上，课件精彩地演示，我巧妙地提问，学生准确地回答，一切都在我的掌控中，同行们都为我游刃有余的表现点头称道，我也为自己准备充分而暗自高兴，偷眼望去，我还看到教研员赞许的目光。

灵机一动中迸发的智慧火花 >>>

终于就剩下最后一道题了,我长吁一口气,耳边似乎听到了同行的喝彩……

"假如你在野外迷了路,怎么办?"

"指南针定方向"、"北极星定方向"、"太阳"、"树木年轮的宽窄"、"树冠形状",学生的答案尽在我的预料中。

忽然,一个平日不太爱回答问题的同学高高地举起了手,"观察蚂蚁的洞穴,洞口大都是朝南的"。

当时,我脑子真是一片空白,因为他的回答不在我的意料中,我不知道这种方法对不对,一时之间也不知该怎么评价,无奈之下,这个问题就只有匆匆地戛然而止,不了了之。[①]

由上述教育轶事可以看出,教师掌控课堂教学的思维习惯并不利于教育机智的发挥,当学生对课堂提问的回答超出了教师掌控答案的范畴,就会导致教师的束手无策、无法应对,最后只能选择忽略。正如这位老师所言:"当时,我脑子真是一片空白,因为他的回答不在我的意料中,我不知道这种方法对不对,一时之间也不知该怎么评价,无奈之下,这个问题就只有匆匆地戛然而止,不了了之。"导致这种情况的原因在于,教师有限的知识储备无法应对学生挑战。但如果教师富有机智的话,依然可以巧妙地规避自己的尴尬处境。比如,教师可以询问学生答案的科学依据,并借机鼓励其他同学向他学习,从而使课堂教学得以出彩。

面对突发的、意料之外的教育事件,有的教师没有选择忽略,而是直面教育问题本身,并适时作出了回应,但并没有表现出教育机智,结果破坏了融洽的课堂教学氛围,产生了负面的教育影响,同时也可能对学生的

---

① 李卫,邵炳华. 反思"教学意外"增长"教育机智"[J]. 地理教学,2007(6):27.

人格发展产生消极的影响。下述教育轶事生动地再现了教师的这种不机智行为。

　　一教师在讲解孟浩然诗《春晓》时，先板书："春眠不觉晓，处处闻啼鸟。夜来风雨声，花落知多少？"然后请学生们就诗的意境、写作手法、用词等方面提出自己的看法。一学生问："既然'不觉晓'了，为什么还能'闻啼鸟'呢？"教师回答："这写的是清晨睡醒时的情景。"另一学生问："都睡着了，怎能听见'风雨声'呢？这里写的太不妥当。"该教师正色道："孟浩然是我国唐朝的伟大诗人，他的《春晓》流传至今，哪会有错之理！坐下！"接着教室里是一片嘻笑声。[①]

在上述案例中，教师对学生的课堂提问做出了一定的回应，但是并没有表现出教师的教育机智，而是呈现出教师无法回应学生挑战时的一种气急败坏的形象。这不仅会破坏融洽的课堂教学氛围，而且还会扼杀学生学习的热情和积极性。在面临突发事件时，教师一般都不会视而不见，而是会做出某种回应，但是有的教师无法做出机智的回应。

对于课堂突发的教育事件，有的教师有意或无意选择了忽略与视而不见，有的教师尝试去回应，但却没有表现出应有的教育机智，还有的教师通过巧妙地方式对意外事件做出了适恰的回应。下面这则教育轶事展现了教师的机智反应。

　　有位教师在一个大雪纷飞的冬日讲授朱自清的《春》，范读完课文，学生大都为教师声情并茂、富有磁性的朗读所感染，沉浸在课文所描绘的春光明媚的境界中。突然有位学生唱了一句"春天在哪里

---

① 宋德如，李宗胜. 直面课堂尴尬——教育机智的表现及其培养［J］. 教育探索，2001（12）：36.

呀?"此时，大家都把目光投向了这位同学，有的脸上现出厌恶的神情，大概觉得这样捣乱不应该；有的笑了起来，或许觉得又有好戏看了。面对这突发情况，这位教师没有慌张，他慢慢走近那位学生，没有训斥，而是笑眯眯地说："现在虽然不是春天，但却孕育着春的生机。诗人雪莱有一句名言——'冬天到了，春天还会远吗？'你还记得吗？"正在这时，一阵风猛地把教室的门吹开了，一团雪花随风裹了进来。教师快步走向教室门前，伸出双手，接住了几朵小雪花，大声地说："瞧，雪花迫不及待地来告诉我们，春天就在它的后面！""哗——"学生都为老师这句精彩而富有创意的话鼓起掌来，深为老师的教学机智折服。①

由上述教育轶事可以看出，教师做出机智回应的前提是对教育情境的敏感性，教师能够将突发的或意料之外的教育事件建构为一个需要解决的问题。教师讲授的教学内容"朱自清的《春》"与师生所处的当下环境"大雪纷飞的冬日"形成了鲜明的对比，学生也许是有感而发，随即唱了一句"春天在哪里"引发了课堂教学的危机。而教师的机智表现在，她敏锐地捕捉到学生的不同反应并借助诗人雪莱的话——"冬天到了，春天还会远吗？"——对学生的行为作出了适恰的回应，从而俘获了学生的心。这位教师之所以表现出教育机智与其学科专业素养有很大关系。因此，在多样的教育情境下，如何揭示教师教育机智的生成路径成为一个急需探究的问题。

有些突发的教育事件对教学的正常进行会产生致命的影响，此种课堂教学的中断，教师必须做出回应。有些教育事件是蕴含在教育过程中的，

---

① 胡志金. 语文课堂教育机智例谈 [J]. 教育科学研究, 2004 (3): 42.

其产生的震撼没有那么强烈，比如在教师课堂提问时，学生没有回答出来。这种教育事件所产生的意外没有那么明显。所谓意外是相比较而言的，教师对问题的敏感程度不同，对意外的感觉也会大相径庭。教师越敏感越容易将教育事件建构为问题。比如，有些学生在课堂上窃窃私语或偷笑，教师可能觉得有些意外或奇怪。对于有些教师而言，学生回答不上来某个问题属于意外，但对于其他老师来说可能就不属于意外，他们觉得学生回答不上来问题很正常。当学生回答不上问题时，教师会自觉不自觉地调试自己提问的方式。教育事件与教师的预设（信奉理论或教育信念等）产生了矛盾冲突就会转变成问题情境。比如，教师提问时无人回应，教师感到尴尬，于是尝试采取行动摆脱教育困境。教师或者改变提问方式，或者自问自答，或者分析学生课堂表现心理：是学生确实不会、故意不回答或不屑回答，还是怕被其他同学嘲讽、嫉妒等等。"出岔子"这个词反映了问题意识，因为它与教育预设大相径庭。教师的回应力与其教育教学经验有很大关系，但对于新手教师而言，经验不足是正常的。我们不可能期待一个新手教师具有丰富的教育教学经验，否则他就不是一个新手教师了。虽然新手教师的教育教学经验比较缺乏，但依然可以从日常生活经验当中获得启发或灵感，从而产生教育机智。

二、教育机智生成路径之一：相似地看与做

如前章节所述，教育机智可以分为原生型教育机智和习得型教育机智。原生型教育机智往往具有神秘性、缄默性，与个人特质，甚至一定的天赋相关。虽然很难对原生型教育机智进行解构，但是可以通过分析建立在原生型教育机智基础上的习得型教育机智找到二者的内在关联，从而为教育机智的习得提供启发和思考。在这里我们借鉴了美国教育思想家唐纳

德·舍恩提出的行动中反映的理论。他在揭示行动中反映的内在过程时提到：实践者把过去的经验带进来以影响独特的情境，通过运用已有的经验库将陌生的情境视为类似的情境，通过借鉴过去的情境来描述当前情境，从而进行反映。通过相似地看和相似地做，将已有的经验运用到独特的案例中去，并对不符合现有规则的问题有种直觉。实践者的技艺取决于他带到陌生情境中的锦囊库的广泛性和丰富性。"每一次新的行动中反映的经验都会丰富他的锦囊库。"① "然而，仅仅相似地看是不够的。当一位实践者将一个新情境视为他锦囊库中的某些成分时，他就获得了看待新情境的一种新方式和一种新的行动的可能性。不过，其新观点的适当性和适用性仍有待于在行动中得到展示。行动中反映必然涉及实验。"② 这种实验性探究就是行动者与情境进行反映性对话的过程，在反映性对话过程中，伴随着思考与行动的交互作用，行动的效果决定了"反映"是否持续。舍恩对此说道，"在实验性行动的测试、施行、探查当中，行动拓展了思考，而且反映将回馈到行动与行动的结果。彼此互相回馈，互相设定界线，是行动的意外结果引发了反映，是令人满意的行动的发生将反映的历程暂时画上句号。"③

　　基于舍恩的相关理论，我们通过教育轶事来分析教育机智的生成路径。首先我们描述了一则教育机智故事作为教师机智行为的原型。然后通过教师自身描述的教育机智的表现来思考教师已有的经验是如何影响教师

---

① 舍恩.培养反映的实践者：专业领域中关于教与学的一项全新设计[M].郝彩虹等,译.北京：教育科学出版社.2008：63.
② 舍恩.培养反映的实践者：专业领域中关于教与学的一项全新设计[M].郝彩虹等,译.北京：教育科学出版社.2008：63.
③ 舍恩.反映的实践者：专业工作者如何在行动中思考[M].夏林清,译.北京：教育科学出版社,2007：224.

行为的。

【教师已有教育经验】一则教育机智故事①。

"我16岁时已经学会了开车,但父亲很少让我过把瘾。一天早晨,父亲答应让我开车送他去一座挺远的小镇,条件是将汽车送到附近的车行保养。我乐不可支。在到达小镇后,我和父亲说定下午4点来接,然后将车送到了车行。因为时间还早,我决定到电影院里消磨时间。

然而,当我看完电影时,发现已经6点钟了。我知道如果父亲发现我是因为看电影而迟到,他一定会发火。于是,当我匆匆忙忙赶到时,我撒谎说是汽车需要大修而耽误了时间。听到我的解释,父亲的脸色变得非常难看。

"我太失望了,"父亲严肃地看着我,"你觉得这有必要撒谎吗?我已经与车行联系过,他们说是你取车迟了。"

我只好说出了实情,感觉十分羞愧。

父亲静静地听我解释,脸色变得更加难看。他缓缓地说:"看来我算不上是个好父亲。我不生你的气,而是生自己的气。你担心说真话会受责备,所以这些年来我一定某些方面做得不好。我决定罚自己步行回家,顺便好好想想自己的问题。"

那天,父亲步行走完了回家的18英里,我怎么道歉他也不理会。父亲身心所受的折磨成了我心中的痛,同时对我也是一次十分成功的教育——此后,我从没有说过谎。"

相似的教育情境会激发教师已有的经验,并以相似的方式表现出教育

---

① 焦晓骏. 教师的智慧[M]. 福州:福建教育出版社,2007:61.

灵机一动中迸发的智慧火花 >>>

机智来。下述教育轶事展示了一位教师将上述那位父亲的教育机智运用到自己教育行为当中的经历。尽管这位教师对教育机智原型的描述不尽准确，但是她把握了教育机智故事所蕴含的精神实质，即当孩子撒谎时，父亲不是一味地责骂孩子，而是将孩子所犯的错归咎于自己不当的教育方式，因此用孩子的错误来惩罚自己，从而使孩子的心灵受到震撼，行为得到改变。孩子是父母的一面镜子，父母对孩子的教育具有不可推卸的责任。父亲的自我惩罚行为体现了应有的责任与担当。下述教育轶事中的班主任同那位父亲一样也是一位有责任与担当的教师，学生的学习表现与教师的教育方式息息相关，教师不能一味地批评学生的不当行为，而是要反观自身是否具备了对学生产生教育影响的教育智慧。

从其他的教育轶事中，我们还可以找到相似看与相似做的典型。

  我在中学执教英语的第一年，班里有一个问题学生何琪凡总是屡教不改，让我伤透了脑筋。什么问题呢，说出来其实也不是什么大事，就是学习态度不认真，要么忘记写英语作业，要么英文单词错误百出。我不厌其烦地跟他讲道理，他呢，每次认错态度都挺好，可压根就没听到心里去，把我的话当耳旁风，多次惩罚也不奏效。对她软硬兼施后，我真的感到是黔驴技穷了。但也许是作为一名新手老师的责任感在作祟吧，我必须教育他，我无法把她视为虚无或空气。这天我在办公室批改作业时，发现何琪凡又没完成作业，顿时我一阵无名怒火涌上心头，随即感到自己做老师真的好失败。我差人叫他到办公室，对他严厉地说："何琪凡，你又没写完作业，以后老师也不惩罚你了，我惩罚我自己，是老师没能耐，没本事，教不好你！"说着，我拿起自己平时用来威吓学生的硬纸筒敲打自己的头（当然不是真用力打，我又不傻）。谁知，何琪凡看到这阵势，先是一惊，然后哽咽着对我说:"高老师,对不起,是我错了,你打我吧!"我也不知道当时一气之下的举动触碰了她的哪根神经,这件事后,何琪凡的学习态度发生了180度大转弯。【Y2019-2】①

上述这些教育轶事都展现了相似的教育情境,即教育者如何教育犯错误的孩子。对待犯错的孩子,教育者最常规地做法是思想教育,这种教育方式也许是似唐僧念经般的谆谆教导,也许是毫无怜悯之心的惩罚,旨在改变孩子的错误思想或不当言行。殊不知,教师讲授的大道理其实学生都已经知晓。学生迫于教师的强势可能无法反抗,面对教师的耳提面命只能显出一副恭顺听从的样子,其实内心深处并未受到触动。学生除了是一个理性的人,还是一个活生生的,有着喜怒哀乐等情感的人,教育人除了以理服人,还要以情感人。所谓触动人心的教育才是真正的教育。在上述这则教育轶事中,教师不断地通过以理服人的方式来教育学生,到头来感受到的却是愤怒,以及不断加剧的挫败感,因为学生只是表面恭顺而内心却不以为然。教育机智的妙处就在于独辟蹊径采用了不同常规的思路,正如孟子所言:"行有不得者,皆反求诸己,其身正而天下归之。"② 当教师一味指责学生而不能奏效时应该反思自己,教师的机智表现在用孩子的错误惩罚自己,因为在某种意义上讲,孩子的错误可以归咎于教育者的教育不得当,通过这种方式让学生感觉到老师在为学生的错误买单,让学生产生愧疚感,使学生的内心真正受到触动和震撼,进而影响学生的学习行为,从而达到教育的目的。教师在相似情境下的机智表现取得的成功会成为教师经验的一部分,从而丰富了自身的锦囊库。

由此可见,教师丰富的教育经验对于教育机智的发挥具有积极的意

---

① 该教育轶事是研究者根据一位老师在课堂上分享的自身教育经历撰写而成。
② 杨伯峻. 孟子译注 [M]. 北京:中华书局,2008:125.

义，但是也可能起到一种阻碍作用，如果教育者无法悬置自己的偏见，那么将会导致机械的模仿，并不利于教育机智的生成。教师已有的教育机智经验在面临相似的教育情境时也不见得每次都会成功。因此，教师每一次教育机智的发挥都是一种冒险，都是基于教育问题情境的一种试验探究，很有可能会遭遇失败，但不论是否成功都会成为教师实践经验的重要组成部分。

教育机智不是教师的一种恒定的能力或品质，教育机智也不应被无限夸大，在问题情境中，教育者有可能表现出教育机智，也可能无法表现出来。教育机智的研究并不能保证每一名教育者都能够成为富有机智的人，教育机智的研究也不应该罗列不同教育机智情境下的各种影响因素，如果把所有机智事例中体现的教育者的素质和能力整合在一起，那么我们就会发现这样的教育者是不存在的，这与其说是为了让教师富有教育机智，不如说泯灭了教育机智发生的问题情境。当一位教育者无所不知、无所无能时，教育机智发生的问题情境可能就不复存在了。

三、教育机智生成路径之二：关注焦点转移

除了借助于教师已有的机智经验去应对偶然的出乎意料的教育情境外，教育者可以通过借助外力，比如他人的经验来转换人际关系的性质，以达到化解尴尬的效果。无论教师还是学生陷入尴尬，最典型的内在体验就是一种强烈的被注视感，而关注焦点的转移是解决自身尴尬的根本路径。至于如何转移关注的焦点，取决于教育问题情境的类型与问题解决者的自然关联。因此，教育机智的生成就在于教师能够敏锐地发觉问题情境与问题解决者之间的自然关联。正是这种自然关联使教师能够寻求到求助者。下述教育轶事展示了教师借助外力化解自身尴尬的机智。

记得教小学美术课的时候，学校让我准备一节校内公开课，届时会有老师们来听课。我精心准备了一节二年级的课叫《我和昆虫》。我事先查阅了一些昆虫并作了几张范画。到了那天，虽然我已准备充分但还是有点忐忑，毕竟第一次那么多老师来听课。我站在讲台上，目光扫了一眼底下的老师，有美术老师、生物老师、教导主任等等。我强作镇定并开始了讲课，一切都进行得很顺利。学生看了我画的蜻蜓、蜜蜂、蝴蝶，都很感兴趣，课堂气氛不错。我又拓展了些内容，给孩子们说了一些别的昆虫，比如苍蝇、蟑螂、马蜂、蝉等等。终于到了最后环节，学生们开始画自己喜爱的昆虫了，我心里舒了口气，于是走下讲台巡视指导。有的学生在照着我的范画画，有的似乎还在思考要画什么。突然，我看到一双小手举起来了，我请他站起来并询问有什么问题，他说："老师，我可以画蜘蛛吗？它属于昆虫吗？"我被他这突如其来的一问给问住了，在脑海里迅速回想蜘蛛是否是昆虫？底下又有一排老师，我一紧张更是大脑一片空白，若是回答不上来那多没面子，还显得我课前没准备充分，若回答错了又会误导孩子。正当我心里小鹿乱撞时，眼睛扫到坐在教室后排听课的王老师。我灵机一动，故作镇定地说："你的问题很好，老师想，王老师会给出你想要的答案，因为他是咱们学校特别厉害的生物老师，我们一起请他来为咱们解答吧"。我请学生坐下，然后用渴望的眼神看着王老师。王老师先是一愣，然后站起来给学生科普道："蜘蛛不是昆虫，它属于节肢动物……"讲解完后，同学们一起鼓掌，一起听课的老师也一并鼓起掌来。最终，我有惊无险地上完了这堂美术课。课后王老师对我说，你突然叫我回答问题也不跟我商量一下，我摸摸脑袋说，特殊情况特殊对待嘛！【T2018-1】

灵机一动中迸发的智慧火花 >>>

　　从上述教育轶事可以看出，课堂中的突发事件在某种程度上是很难消除的，实际上也没有必要消除，因为这恰恰是教学活动的构成部分。教学活动永远存在着不确定性和突发性，无论教师如何精心准备，也无法消除这种不确定性。教学存在着预设，但只有在实践过程中面对具体教育情境时才能真正生成。这位美术老师对自己的专业知识了然于胸，但是学生却提出了一个生物学方面的问题："老师，我可以画蜘蛛吗？它属于昆虫吗？"这种突如其来的提问让美术老师措手不及，在众目睽睽之下陷入了尴尬的境地，能否成功地化解这种教育危机无疑是对教师教育机智的考量。这种问题情境不容忽视，也无法视而不见，必须对学生做出回应，美术教师陷入进退维谷的境地：如果教师不回应学生的问题，就会凸显自己备课不充分，或者知识不够广博；另一方面，如果要正面回应学生的提问的话，又没有十足的把握，可能会误导学生。在这种进退两难的情况下，她看到了坐在教室后排听课的生物老师，于是灵机一动，找到了应对学生问题的办法。于是她慌乱的内心也开始平静下来，镇静地说道："你的问题很好，老师想，王老师会给出你想要的答案，因为他是咱们学校特别厉害的生物老师，我们一起请他来为咱们解答吧。"虽然美术老师的这种言行会让听课的生物教师措手不及，但的确化解了自己的教育危机。教师的机智就在于巧妙地转移了师生互动过程中关注的焦点。"蜘蛛是否是昆虫"对于美术老师而言是个非专业的问题，而对于生物老师来说却是个很容易应对的专业问题，求助于专业老师来解答专业的问题体现了美术老师的一种教育机智，它使学生关注的目光一下子从美术老师转移到生物老师身上。这种教育机智成功地化解了课堂教学危机，不仅维护了教师的自尊，也体现了教师对学生的负责。但是这种教育机智的成功在于该教师能够发觉到学生的课堂提问与生物学科老师的关联。如果当时并没有生物学科老师在场，这种教育机智的生成是不可能的。即便该老师也可以把危机转嫁到其他老师身上，但如果其他老师没有回答出该问题，造成的尴尬无疑会更为严重，即不仅使其他老师陷入尴尬的境地，而且还使自己陷入更加难以处理的窘境。

教师要解决自身的困境和危机，所寻求的他者视具体的问题情境而定，比如在听评课的教育情境下，听评课教师可能是一个重要的帮助来源。教师因同行专家听课时难免会有些紧张，如何化解这种紧张的心情则需要教师的机智。教师可以改变听课专家的角色，让其从课堂教学的评价者转化成一个被审视评价者，或者将其从课堂教学的旁观者变成课堂教学的参与者。这种身份与角色的转变意味着困境与危机的缓解与转嫁。下述教育轶事就展示了教师的这种教育机智。

一天，学校通知我们说市教研员李老师要来听评课，要求我们一定精心备课，认真上课。虽然我也工作了三四年，但是听到这个消息，还是不由地倒吸了一口凉气，心情不免有些紧张，要知道李老师可是教学名师啊。于是当天晚上我再次认真地进行备课，生怕她会选择听我的课。第二天上午离第二节上课还有五分钟时，李老师在校长、教务主任等几位领导的陪同下走进了教室，找了个位置坐下来，同学们见课上来了个陌生的面孔，不时地看向来听课的李老师。我赶紧走过去礼节性地打了个招呼，然后我回到讲台上，做好上课的准备。一想到要听我的课，心里顿时紧张起来。上课铃声响起，便是每天熟悉的师生问候。之后，我并没有开始讲课，而是说道，"同学们，今天市里非常优秀的老师来看咱们上课，让我们以热烈的掌声表示欢迎！"随后，一阵热烈的掌声响彻教室。李老师好像有些措手不及，站起来向大家示意感谢。这时，我才发现自己没那么紧张了，慢慢地

灵机一动中迸发的智慧火花 >>>

进入了上课状态。"同学们,上节课我们学了三角形的内角和等于180°,请同学们回顾一下,我们上节课用了多少种方法来证明呢?"同学们的表现都格外的积极活跃。在师生互动过程中,我明显感觉到同学们今天格外配合我的教学,努力和我一起向李老师展现我们共同生成的课堂教学。我感觉到师生之间似乎结成了统一战线,一荣俱荣一损俱损。当天的课结束后得到了李老师的肯定。后来我反思才意识到,我对听课专家表示的欢迎是一种机智,既表现出了对听课专家的礼貌,同时又让关注的焦点从自己身上暂时转移开,就不再那么紧张了,更重要的是形成了师生之间的合力。【Y2018-1】

当教师的课堂教学受到重要他人的评价时,教师不可避免地会感受到或多或少的压力,产生心理的紧张。当教师引导学生对教研员表示欢迎时,很显然所有关注的焦点都转移到他人身上,似乎教师和学生成了一个评价者,而教研员反而成了一个被评价者、一个被打量的对象。他人的出现会导致过强的自我意识从而抑制行为主体的行动,这时注意力的转移无疑是一种摆脱心理紧张的机智行为。正是在这种注视与被注视、审视与被审视、评价与被评价的关系中,人的羞耻感油然而生,羞耻是自我在他人面前替自己的行为感到羞耻。当然教师在不同的人际关系中可能会产生不同的心理体验,比如教师在评课教师面前的焦虑或紧张。因此,要想改变这种被注视、被审视、被评价的局面,教师可以通过转移关注的焦点或者反客为主,尝试将导致不良情感体验的主体物化或者对象化,让自己暂时占据审视与评价的主体地位,从而缓解自身的紧张、焦虑甚至畏惧。当然,当教师完全投入到自身的讲课当中时,就不会再感到他人注视的目光,紧张与焦虑也会自然而然地消除。

除了借助于其他学科教师应对课堂教学危机或者处理教育困境外,教师还可以借助学生来巧妙地化解自己的尴尬困境，因为课堂教学多以师生的互动为主，教育离不开师生的共同在场。尴尬的感受也是由于处于困境中的人成为众目睽睽的焦点或对象，尴尬是对自我在他人面前呈现出的举手无措形象的承认。尴尬体验的消解在于关注焦点的转移。下述教育轶事呈现了一位体育老师如何机智地借助关注焦点的转移来化解教学失误的过程。

在一堂体育课教学中，我先讲解了脚内侧踢球的动作要领，接下来我在做示范时出现了失误：没有用球击倒标志桶。同学们开始嬉笑，当时我自己也感到有点尴尬，在边捡球的时候边想办法。突然我灵机一动，反问了同学们一句："有哪位同学帮老师分析一下，老师刚才为什么没有击倒标志桶呀？"同学们开始热烈的讨论，有的说老师支撑脚没有站对，也有的说击球部位不对……同学们在激烈的讨论中逐渐忘记了刚才的失误。我的尴尬不仅一下子化解了，而且我还庆幸自己的小失误让孩子们更深刻地记住了踢球的动作要领。在同学们回答完后，我又说："那老师现在按照你们给老师的建议再示范一次。"这次我一下击倒了三个标志桶。同学们都很开心，我也很开心。在接下来的练习中，他们都很认真。在后面的教学中，我会有意无意地表现出一些失误，让同学们来发现我的错误，从而让他们更好地记住动作的要领。【T2018-4】

上述教育轶事中，体育老师在为学生进行教学示范时出现了失误——没有用球击倒标志桶——引起了学生的嬉笑，也许学生本身没有恶意，但是教师还是感觉到有些尴尬，尴尬是教师在学生注视面前的尴尬，教师的教学失误成为学生审视评价的对象。毕竟教学示范是为了向学生展示正确踢球的动作要领，而不是展示踢球的失败，于是在捡球的过程中想着如何

灵机一动中迸发的智慧火花 >>>

摆脱尴尬的处境。摆脱尴尬意味着转换师生角色，摆脱教师被学生品头论足的困境，让学生成为自己的老师，让他们分析自己的动作失误。学生从一个旁观者和嘲笑者变成了教师的一个热心帮助者与指导者，关注的焦点不再是教师的动作失误，而是教学失误的原因，从而使体育老师得以摆脱困境。但是在这一过程中，我们看到体育老师的再次冒险，即当学生帮助自己分析完原因之后，老师按照学生的建议再示范了一次，值得庆幸的是他成功了，但是如果再次失败，怎么办？无疑这是对教师专业能力的考验。由此可见，教育机智只是对偶然的教学失误、突发的教育事件的巧妙回应，它并不能否定教师专业素养的重要性。值得一提的是，体育教师将一次无意的教学失误中表现出的教育机智有意识地运用于后续的教学实践当中去，从而把被动的教育机智转化成主动的教育机智，这本身也是教师的一种教育机智。

下面的教育轶事反映了类似的情境，化学老师在做实验示范时出现了失误，即在众目睽睽之下实验没有获得成功，引起学生的疑问，化学老师通过求助学生来帮助自己摆脱困境。当教师处于困境时，放下师道尊严，求助于学生，不仅可以调动学生的学习积极性，而且也可以让学生学会换位思考、体验老师的处境，从而给学生留下深刻的印象。

初三的一次化学实验课上，老师在讲台上为我们讲解用高锰酸钾作催化剂、过氧化氢为反应物来制氧并进行收集的实验，当按照书上的实验装置和步骤给我们做示范时却失败了，收集的气体并不能使火柴复燃。不少同学发出"咦——"的声音，惊讶地问道："老师，火柴怎么没有复燃？这种方法难道不行吗？是不是哪里弄错了啊？"课堂上有些躁动，老师沉默了几秒钟后说道："既然刚才的实验失败了，那就说明实验操作中有失误的地方，你们能不能帮老师找找？"

我们顿时就来了兴趣，在下面讨论了起来。一番激烈的讨论之后，我们得出了一致结论：既然实验操作方法和步骤没有问题，可能仪器连接出现了问题。几个学生还走上讲台，仔细检查了老师的实验器材，发现收集气体的管子没有连接好，可能漏气导致氧气收集不足。老师说："那老师按照你们讨论的结果改进一下，再重新来一次。"我们异口同声地说："好！"在我们激动并且有些紧张的气氛中，老师成功地完成了实验，火柴在容器中复燃了。我们在台下高兴地欢呼起来。突然一个学生说："我知道了，老师刚才肯定是故意失败的，就是为了让我们找到失败的环节，增加对实验的印象，培养我们的实验素质。"老师在台上笑了笑，并没有说话。

但我认为，这并不是老师的刻意之举，而是老师在发生意外之后做出的机智之举。老师抓住了这个契机，使自己没有处于被学生质疑的地步，也激发了学生探索知识的欲望，使险些失败的课堂变得成功了。【P2019-1】①

当化学老师当众为学生示范化学实验时却遭遇了失败并引起了学生的质疑，由此老师陷入了教学困境。要解决这一问题必须寻找实验失败的根源，老师并没有在学生注目下查找实验的环节是否出了纰漏，而是转而寻求学生的帮助，让学生来解决这一难题，从而激发了学生极大的学习兴趣，调动了学生学习的积极性。随着学生关注焦点的转向，教师摆脱了学生众目睽睽之下的尴尬困境。实验失败不再是需要教师一个人独自面对的难题，而成了师生共同面临的问题，需要大家共同的智慧来解决。在师生

---

① 【P2019-1】是本研究中使用的教育轶事标识符号，它标识了文献收集的信息，P代表了教育轶事的来源，即选修"现象学教育学"课程的大学生，收集时间为2019年，文本的序号为1，后文的文献收集标识不再一一说明。

的共同努力下，实验终于成功了，教师的尴尬也迎刃而解，学生也在帮助教师查找实验失败原因的过程中获得了很强的成就感。虽然有的学生认为这是教师的故意之举，但是写作者认为："这并不是老师的刻意之举，而是老师在发生意外之后的做出的机智之举。"特别是教师并没有正面回应学生的提问，给教师的教学行为蒙上了一层神秘的面纱。很显然，无论教师是有意的还是无意的，都可以表现出同样的举动来。

类似的教育机智的事例还有许多，比如教师在书写板书时因错别字受到学生的取笑，教师机智地使学生关注的焦点发生转移，从关注教师犯的错误转移到改正教师的错误。学生的角色从一个看笑话的旁观者变成了一个助人者，教师从一个被评价者变成了一个审视学生表现的评论者。师生关系的转换意味着教师尴尬处境的摆脱，因为令教师产生尴尬的学生的注视与评价消失了。当教师让学生指出错误时，学生变成了被教师审视与评价的人，这个时候学生可能会因出丑而被其他人取笑，因而学生关注的焦点是自己在老师和其他同学面前的表现，而不是教师的教学失误。简言之，学生由注视者变成了被注视的对象。从下面的教育轶事中，我们可以看到教师的这种教育机智以及对学生产生的积极影响。

去年3月，我在吐鲁番支教，带的是初二语文。每次上新课前，我都会带着学生先学新课文的课后生字词。有一天，我在讲生字词的时候在黑板上写错了字，但是在抄完所有的生字词之前，学生们没有一个人指出来黑板上的错别字。当我写完最后一个字转身面向学生时，学生们个个都按捺不住了，像是发现了新大陆般欢呼雀跃，而我却不知道他们为什么如此高兴。随后几个特别调皮的学生异口同声地说道："老师，你写错字了，哈哈……"当时我略微有些尴尬，平时我会一再地强调不能写错别字，结果自己却写错了。于是我灵机一动说道："哪位同学愿意到黑板前改正错别字？"我发现那些平常不写作业、不听课，调皮捣蛋的几名男生都举手了，我选了他们当中成绩最差的一名男生上来。那名男生上来后不仅改正了错字，而且还一笔一划地写在了黑板上。当时我就夸他字写得好看，他害羞地笑着回到了座位上。

第二天，那名男生交了一份工工整整的作业，那是他写得最为认真的一次。从那以后，我每次讲生字词时，都会在黑板上故意写错几个字，专门叫那些成绩偏差的学生，偶尔也会叫成绩好的学生来改正错别字。慢慢地，这个班上不爱写作业的"差学生"都开始写作业了，而且字越写越工整。

在我实习结束临走的时候，那几名学生对我说："老师，其实我们都知道你是故意写错字，让我们上黑板改正，每一次到黑板前改正错别字都会加深我们对字形和字音的记忆，谢谢你，我们以后都会好好写作业，好好学语文。"当时我特别感动，能够教会一些刚刚开始接触人教版语文的少数民族学生好好写汉字，对自己的实习工作还是感到比较满意的。【S2019-19】

同那位体育老师一样，这位语文老师通过求助学生来改正自己的教学失误，从而将自己从一个被注视、被取笑的对象变成了注视者与评论者，从而化解了自己的尴尬。教师教育机智的生成源于师生关系性质的转变。这两位教师的机智还在于，把对无意的一次教学失误的机智处理转变成一种有意识的教学行为。这种师生地位与角色的暂时翻转激发了学生的学习动机，增强了学生学习的积极性和主动性。

四、教育机智生成路径之三：基于教育信念的自然行动

教育信念无论是基于教师的教育情感还是基于教师的信奉理论，在某

灵机一动中迸发的智慧火花　>>>

种情况下都可以直接转化为教师的一种自然的行动。知而不行只能说明所知并非真信。有些教育机智的生成可以寻求到内在的理性逻辑，有些教育机智只是一种行动的直觉，类似于一种本能反应。就像一位母亲会天然地呵护自己的孩子一样，一位富有教育爱的教师也会自然地去保护学生的自尊，促进学生身心的健康发展。下述教育轶事展现了教师化解学生尴尬、维护学生自尊的一种自然而然的反应。

记得从小学升入初中时，我被分到了重点班，但成绩在重点班里却不算特别优异，尤其是科学这一门150分的学科让我非常头疼。全班同学成绩都不算差（中考时全班第一，除了体育，其他五门成绩全都获得A及以上的优异成绩），可想而知，在这样的环境下，这样的差距里，我始终都感觉到战战兢兢的。忘了是第几次月考了，满分150分的试卷，我才考了九十多分，于是我迅速吃完午饭就跑到老师办公室去问问题，没想到很多同学都比我更快一步，一下课就去找老师问问题了。大家都围着老师，而我由于那可怜的一点自尊心静悄悄地站在了人群之外，想等所有同学都问完之后再去问老师。

等所有同学都走光了，我才拿着印着鲜红分数的试卷去问老师题目。老师用一只手撑着桌子给我讲题目，我感觉老师应该是累了，也没有吃午饭。就在这个时候，又有一个同学拿着他的试卷来找老师答疑。我很害怕，我怕我那个鲜红的分数会被他看到，我怕他看到我的分数后会怀疑我是怎么进到这个班的，我怕下午回到班级后大家都知道了，我就变成了班上一个分数与大家格格不入的人了。不知道是不是我的窘迫表现出来了，我的科学老师看到那位朝他走来的男同学时，把他撑着桌子的手突然放下，挡住了试卷上令我难堪的分数，然后十分平静的为那个同学讲题。在那么窘迫的一个情况下，科学老师

那一个善意的举动，维护了我可怜而又可悲的自尊，我想我大概永远都不会忘记。【Z2019-1】

在上述教育轶事中，我们可以看出一个重点班的孩子因考试失利而产生的自我认同的危机。她害怕自己的这种名实不符——"重点班的学生"这种"名"与"学习成绩差"这种"实"的不符——被其他同学知晓，进而引起同学们的猜疑。因此，她只有等其他同学都离开了才有勇气去问老师问题。不巧的是，在教师讲题过程中，又有一名学生突然来找老师答疑，这位同学的突然闯入无疑加剧了她的这种害怕，害怕自己被其他同学边缘化，就在这种窘迫之时，科学老师用手自然地挡住了令学生感到难堪的分数，这种机智的举动无形之中维护了学生的自尊，对学生产生了深远的影响。很显然，教师的举动反映了教师内心的教育信念，即保护学生的隐私，呵护学生的自尊心。

对于原生型教育机智而言，它更多体现了教育者的原创性，是教师教育信念或教育情感的自然流露或表达。当教师心中有学生、对学生充满爱时，教师则会在恰当的教育情境中通过外显的教育言语或行为表现出来。下述教育轶事展现了在突发的教育事件面前，教师首先想到的是学生的人身安全，并巧妙地抓住教育契机对学生进行了安全教育，体现了一定程度的教育机智。

在一堂英语课教学中，我和学生都沉浸其中，但当我转身面向黑板进行板书时，黑板上方墙壁上挂着的钟表突然掉落。教室里一下子就沸腾了起来，目睹钟表掉落的学生受到了不小的惊吓；后排的同学听到声音也表现出躁动；和钟表擦肩而过的我也不能保持"泰山崩于前而面不改色"的镇静。环顾四周，发现没有伤及任何人后，我自己也倒吸了一口凉气，愣了几秒钟以后，我便开始尝试安抚学生，相较于惊吓，我发现学生表现更多的是对我的关心。

灵机一动中迸发的智慧火花　>>>

　　由于是新接手这个班级，与学生的沟通与交流比较少，于是我就借这个机会在对学生进行安抚后，对学生又进行了交流："谢谢同学们的关心，老师并没有被伤到，你们是不是吓坏了呀？刚刚真是很惊险，你看我们的生命在意外跟前真的很脆弱，所以在平时玩耍过程中，你们也要注意安全，小心高空坠物，还有我们班是不是也有偷偷下河游泳的呀，以后坚决不能去了，万一发生了意外怎么办？就像你们刚刚担心老师一样，老师和你们的家长也很担心你们的安全，所以我们不管是为了自己，还是为了那些担心你的人，是不是都应该学会保护好自己呀？"台下的学生都表示了无比真诚的赞同，说完之后我就开始继续上课，下课之后有几个学生又特意向我表示了关心，并答应会注意安全，保护好自己。

　　在之后的教学中，我感受到我与学生的距离变近了，他们愿意向我表露的感情越来越多，我也对他们产生了很浓厚的情感。【S2019-14】

　　在课堂教学过程中，黑板上方的墙壁上挂着的钟表突然坠落时，首当其冲的是教师可能受伤，但附近的学生也有可能受伤，这种突如其来的意外，使沉浸在课堂教学当中的师生都受到了惊吓，但是这位老师缓过神来之后，首先想到的是安抚学生，以现身说法的形式对学生进行了比较机智的安全教育，言谈中自然流露出对学生的爱与关心，从而使疏远的师生关系顿时变得比较亲近起来。由此可见，真正的教育机智无非是基于正确的教育信念以及深厚的教育爱的自然反应。

　　教师的教育信念直接影响到教师的教育行为，进而对学生产生深远的影响。当不少老师对高中生学习的环境卫生问题视而不见时，政治老师却借机对学生进行了一次生动的思想教育，从而使学生的思想受到了洗礼，并影响了学生的行为。其实对于高中生而言，大多数学生都知道课堂卫生环境的重要性，但是很多人不会自觉地落实到自己的行动上。下面的教育轶事反映了政治老师如何结合学生当下真实的生活情境巧妙地对班级所有学生进行思想教育的过程。

高中时期临近期末考试，班里的同学都埋头苦学，从而放松了对班级卫生的要求。早晨时候还是干净的教室，到了下午第三四节课就变得脏乱差。垃圾桶里堆满了垃圾不说，还扔的桶外面到处都是。走廊过道上偶尔也会散落着不知是谁扔的废纸屑或食品包装袋。大多数同学都会对这些垃圾选择视而不见。大家都觉得等到放学由当天值日生一起打扫就好。就算有同学看不下去稍作收拾没过多久还会恢复原样。在夏季看到这样的景象，在气味儿并不清新的教室里，大多数学生都会觉得十分浮躁，大多数老师上完课就直接离开了教室，并不会对班级是否干净这个问题纠结，也知道说一两句并没有什么实质性作用。

这天下午第三节课是政治课。眼保健操后不久，政治老师就进入了班级，还有十来分钟才上课。同学们做完眼操后有的去跟老师聊天问问题，有的坐在自己的座位上，有的出去接水或上厕所。可能政治老师看到同学们进进出出，踩踏地上的各种垃圾于无物，觉得十分新奇。盯着教室走廊看了好长一会儿时间。这时候还有四五个人的位置是空的，其余所有人都在自己座位上等上课铃。这时，政治老师说："同学们，你们看你们的过道上，还有门口到处都是纸屑、垃圾，我们做一个小实验，看看即将进门的这几位同学，谁会主动把门口的垃圾拾起来好吗？"一听这，所有同学都翘首以待。一个同学进班，像什么都没有看到似的，踩着垃圾就回到了自己的座位。一个同学明明看到了垃圾，却跨了过去。慢慢地，所有同学都觉得没希望了，却没想到最后一位同学进班后，弯腰捡起了那个纸屑。全班同学都笑着看着他，有的同学还对他鼓起掌，老师的脸上也掠过一丝微笑。老师郑重地表扬了这位同学，顺带提了提班级卫生的事情。走道两边的同学有的微红了脸，捡起他们身边的垃圾，扔进了垃圾桶。桶满后，班里那几个经过门口不捡垃圾的同学，还主动去倒了垃圾桶。那天之后，班里的同学都不再乱丢垃圾了，不仅会处理好自己的垃圾，还会帮忙捡起在校园里看到的垃圾，再不会有学生对垃圾视而不见了。【S2019-2】

从上述教育轶事中可以看出，当高中生忙于考试时便自觉不自觉地对自己的卫生习惯放松了，从而导致教室内学习环境的脏乱差。政治老师看到后，并没有像其他老师那样视而不见，而是借机做了一次日常生活的观察实验，看看哪位学生会自觉地捡起地上的垃圾。大部分同学都饶有兴致地观察了几位同学的自然表现：有的同学对垃圾视而不见，有的从垃圾上跨过去……当大家都感到失望时，最后一位同学自觉地捡起了垃圾，赢得了学生的掌声和老师的赞许。老师借机对所有学生进行了一番思想教育，达到了改变学生行为的目的。很显然在学生看来，"大多数老师上完课就直接离开了教室，并不会对班级是否干净这个问题纠结，也知道说一两句并没有什么实质性作用。"而政治教师之所以与其他老师的教育行为不同，就在于这位老师所秉持的教育理念与其他老师有所不同，

本章结论

本章主要借助美国教育思想家唐纳德·舍恩的反映性实践理论和法国存在主义哲学家萨特提到的注视与情感理论分析了教育机智生成的路径。首先，我们认为教育行动的发生源于教育问题的敏感性。教育者之所以将一个偶然的、突发的教育事件建构为一个需要解决的问题情境，是因为教育事件的发生与教师的教育信念或信奉的教育理念发生了冲突，或者说教

育实践与教师的信奉理论发生了冲突。其次，教师是否采取行动或者如何采取行动取决于教师的经验。我们借用了舍恩的"相似地看与做"的概念来阐述教师机智行为的生成路径。如果教师拥有足够丰富的教育教学经验案例库，他会很容易地通过"相似地看与做"的方式采取行动。由于教育情境不可能完全相同地再现，"相似地看与做"依然可以体现出教师的智慧或机智来。第三，教育机智生成于关注焦点的巧妙转移过程中。这里我们借用了萨特的注视理论来分析师生互动过程中产生的尴尬体验，尴尬的感受是自我在人际互动中由于他人的审视或评价而产生的，其产生的根源在于不当的行为表现损害了教师或学生的面子。因此，教育机智生成的重要路径就是通过师生之间关注焦点的转移来维护彼此的面子。关注焦点的转移表现在很多方面，比如，教师因教学失误成为学生嘲笑的对象时，教师可以通过将学生从一个教育的评价者和旁观者转变为教育问题的探究者来摆脱尴尬。教师因无法应对学生的提问而面临教育危机时，可以将问题抛向其他老师或学生，从而实现关注焦点的转移。第四，教育机智的生成从根源上说是基于正确的教育信念的自然行动。当教师内心的信奉理论或教育信念与教师融为一体时，教育者就会自然地表现出身体化的行动。比如，当教师坚信教育者一定要为学生着想，维护学生尊严，保护学生隐私时，就会自然而然地采取行动来避免学生的成绩被泄露，或者避免学生沦为其他学生的笑柄。总而言之，教育机智的生成路径主要有三种：基于已有经验的行为习惯，诉诸他人的本能利己行为，基于内心信念的自然表现。这三种路径揭示了教育者应对教育困境或危机时的行为倾向。

图4.1展现了教育机智生成的路径。首先，教育者基于教育信念（或者信奉理论）将突发的教育事件建构为一种问题情境，这种对问题情境的建构成为教师行为重要基础。当教育者无法敏锐地把握到问题情境时，教

育者处于一种无意识状态,不可能采取行动。当教育者基于自身的教育敏感性来付诸行动时,可能会出现两种结果:机智行为或非机智行为。机智行为的生成很容易基于教师自身的经验通过"相似地看与做"表现出来。其次,由于尴尬是教育问题情境中常见的一种情感,因此,从注视与情感的理论来看,教育机智产生的一个重要路径就是通过关注焦点的转移来实现维护师生面子的目的。另外,教育机智的生成也可能是教育者基于教育信念的一种自然行动。在这种教育机智中,知与行之间并没有难以跨越的障碍,因此是一种融知与行于一体的身体化的实践。

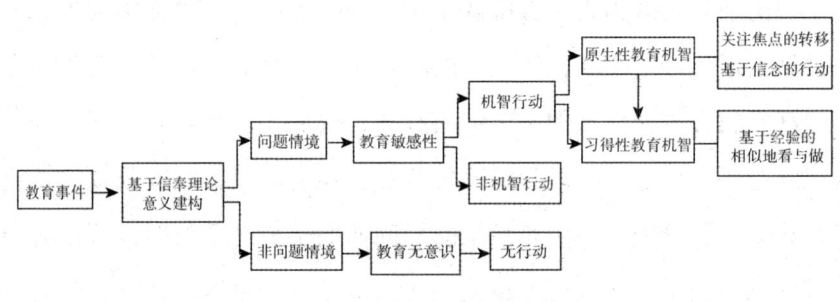

图 4.1 教育机智生成路径

值得一提的是,原生型教育机智一旦生成可以成为他人获得习得型教育机智的基础。原生型教育机智通过反思也可以形成教育者的教育智慧。比如,本章提到的体育教师因偶然的一次教学失误而产生的教育机智后来成为他教学智慧的一部分。语文老师因写错字被学生指出来表现出的教育机智后来也积淀为教师的教育智慧。无论体育教师还是语文教师,他们的教育机智都具有异曲同工之效,即被动的教育机智转变为主动的教育机智,具体而言,教师故意产生教学失误,然后通过让学生挑错来激发学生的学习动机,调动学生学习的积极性和主动性,从而营造了融洽的课堂氛围,产生了良好的教学效果。

第五章

教育机智的习得途径

经验是最好的教师。这个看法对吗?就教学工作来说,我们已注意到,二十年的教学经验也许只是一年工作的二十次重复,除非我们善于从经验中汲取教益,我们就不可能有什么改进。

——斯坦托姆(《怎样成为优秀教师》)

教育机智不是一种可以传授的理论知识与技能,"我们并不能发现关于教学机智的理论、技巧或一般规则。"[1]教育机智的理论化、概括化恰恰扼杀了教育机智的灵动与活力,因为机智的教育者更关注事物的独特性:情境的独特性、学生个体的独特性和生活体验的独特性。[2]作为教师,在成长为教师的途中习得了大量间接的、外在的关于教育教学的理论与技术,然而,这种抽象化、普适性的理论与技术在遭遇教学实践情境的复杂性、模糊性、不确定性时总会或多或少地令教师感到尴尬和沮丧,因为它无助

---

[1] Van Manen M. The Tone of Teaching: The Language of Pedagogy [M]. Ontario: The Althouse Press, 2002: 42.

[2] Van Manen M. The Tone of Teaching: The Language of Pedagogy [M]. Ontario: The Althouse Press, 2002: 8.

于教育机智的生成。如范梅南所言:"阅读教育文献能够给予我们重要的知识,但是那种知识是外在的。它并不必然会使我们在与年轻人的日常交往中变得更加思虑周全和机智。"[1]当然这并不是否定理论学习,而是要思考,教师应该习得一种什么样的知识才能对教学实践有所助益。

本章主要论述了反思作为教育机智习得途径的意义和价值。反思既包括教育者对自身教育教学经验的反思,也包括对他人教育教学经验的反思。反思的内容既可以指向教育机智行为,也可以指向非教育机智行为。有时非教育机智行为对教育者的触动会更大,更能引起教育者的思考。此外,我们以教师国培项目为例呈现了教师教育对于促进教师反思,形成教育机智的意义。基于教育叙事、案例研讨的培训模式有助于教师对自身经验以及他人经验的深入反思。反思基于教师的意识自觉以及较强的反思能力和反思习惯。基于环境创设的教师培训对于形成教师学习共同体,促进教师群体反思,深入认识教育机智具有重要意义。教师个体的自觉反思和基于培训项目引发的群体反思具有相似性,但是后者体现了培训专家的引领以及学习共同体的智慧。特别是对于新手教师而言,教师的专业成长离不开专业引领以及学习共同体的成长环境。

一、基于教育实践的自觉反思

教师要胜任教育教学工作,除了要具备最基本的专业知识和教育教学技能,还需要拥有一种能够应对复杂教学情境的教育机智。教育机智是一种具身化、情境化的默会知识,"教育机智不能通过直接明确的方式得以

---

[1] Van Manen M. The Tone of Teaching: The Language of Pedagogy [M]. Ontario: The Althouse Press, 2002: 8.

描述，但是可以通过案例和轶事来间接表现。"①教师的教育机智从何而来？范梅南认为，"教育智慧似乎是一种反思的能力，它是通过对已有经验的深入反思而形成的。"②换言之，教育机智源于教师对教育情境中各种体验的深刻反思。

教育机智是一种难以言传的默会知识，一种基于"体验—反思"积淀而成的具身化知识。"体验可以开启我们的理解力，恢复一种具体化认知感（a sense of embodied knowing）。"③对教育机智特别是非教育机智的反思将有助于教师生成课堂教学的机智。李镇西说，"在所有反思中，最重要的是对教育失误的反思。几乎可以这么绝对地说，任何一个教育者在其教育生涯中，都会犯这样或那样的错误。区别优秀的教育者和平庸的教育者，不在于教育者是否犯错误，而在于他如何对待已经犯了的错误。善于通过反思把教育失误变成教育财富，这是任何一个教育者从普通教师走向教育专家乃至教育家的最关键的因素之一。"④ 由此可见，教育机智的生成离不开对教育机智或非教育机智行为的反思。经验与反思对于教育机智而言，就如同车之两轮、鸟之双翼，缺一不可。

"美国心理学家波斯纳（G. J. Posner, 1989）提出了一个教师成长公式：经验＋反思＝成长。他还指出，没有反思的经验是狭隘的经验，至多只能形成肤浅的知识。如果教师教师仅仅满足于获得经验而不对经验进行

---

① Van Manen M. The Tone of Teaching: The Language of Pedagogy [M]. Ontario: The Althouse Press, 2002: 45.
② Van Manen M. The Tone of Teaching: The Language of Pedagogy [M]. Ontario: The Althouse Press, 2002: 43.
③ 范梅南. 教学机智——教育智慧的意蕴 [M]. 李树英, 译. 北京: 教育科学出版社, 2001: 13.
④ 焦晓骏. 教师的智慧（总序）[M]. 福州: 福建教育出版社, 2007: 4.

深入思考,那么他的发展将大受限制。"① 由此可见,反思对于教师成长的重要意义。如果没有反思,"二十年的教学经验也许只是一年工作的二十次重复,除非我们善于从经验中汲取教益,我们就不可能有什么改进。"② 正是反思使得教师不断地从教育教学经验中获得发展的动力,而不是数十年的机械重复。中小学教师的女性化,快节奏、忙碌的学校生活,以及传统的家庭分工模式,使得中小学教师很难有机会抽身出来反思自己的教育教学经验,多半是日常非正式的反思,这种日常反思往往出现在与办公室同事的闲谈之中,反思时间比较短暂,不够深入。尽管如此,这种非正式的反思有助于教师获得他人的教育经验,拓展自身的教育经验,突破自身实践经验的狭隘,解决教育教学实践当中的困惑或难题。

李镇西说,"20多年的教育经历告诉我,一个真正的反思型教师至少应该具备四个'不停':不停地实践,不停地阅读,不停地写作,不停地思考。其中思考贯穿于教育的全过程和每一个环节。"③ 可见,要成为一位名师,反思的习惯与自觉是必不可少的。换言之,教师对自身的以及他人的教育教学经验的思考是建立在意识自觉基础之上的。随着"教师成为研究者"的提出,越来越多的教师开始注重教学反思,主动撰写教学日志,开展教研活动,发表教研论文,开展课题研究,这些都成为教师专业成长的有效途径。但无论哪一种途径,归根结底都是对经验的深刻反思。

下述这则教育轶事反映了一位新手教师在听课过程中产生的对自身的以及他人的教育经验的对比和反思。这位新手教师因为掌握了许多教学理论与方法而自负,一开始对听课不屑一顾,但这种盲目的自负却被自己的

---

① 皮连生. 学与教的心理学(4版)[M]. 上海:华东师范大学出版社,2006:23.
② 斯坦托姆. 怎样成为优秀教师[J]. 汪琛,译. 外国教育动态,1983(1):16.
③ 焦晓骏. 教师的智慧(总序)[M]. 福州:福建教育出版社,2007:2.

课堂教学现实"抽醒"。由此可见，掌握了教育理论与方法并不代表可以胜任教育教学工作。特别是对于新手教师而言，已有的理论在短时间内很难有效指导自身的教学行为。教育教学的确是需要经验的，或者说需要一种实践性知识的。这位新手教师在听课过程中不断地对比自己的课堂教学与老教师的课堂教学，从而引发了对自身经验和他人经验的深入反思。这种有意识的反思无疑是教师专业成长的开始。

做为新教师，刚进入岗位时会有很多听课任务，所以，我们会常常去听有经验的老师的课，学习他们的教学方法，体会他们的教学思想，感受他们的教学魅力。刚开始挺不以为然，因为本科课程中学习了很多有关教育教学的理论和方法，自以为教一群小学生绰绰有余，但事实一次次将我抽醒。

课堂上的小学生常常不在预想的控制范围内，有时候的回答答不到点儿上，有生拉硬拽迹象；有时候思维太发散，飞出去拉不回来；有时候老师已经引导了半天，东说西说就是引不出老师想要的答案；还有些回答让我也得好好想想，似乎从另一个方面来说，他这么说也是对的，结果被学生带跑偏了，真是又可气又可笑。我相信新老师都会遇到类似的问题，所以我很早就认识到提问也是需要技巧和艺术的。在我想说的这位老教师身上，我就学到不少，她的课堂非常有趣，学生也学得极其兴奋，每一个环节都紧凑有效，听得我意犹未尽。

这是一堂二年级的数学课"$9+\square=?$"，这对二年级小朋友来说很有难度。到现在我来算此类问题时，也会反应一会儿，不能特别顺畅地一下说出答案，但听完这节课，打乱的毛线团被理顺一般，那几句"绕口令"一直回响在耳边。

灵机一动中迸发的智慧火花 >>>

　　课堂一开始，这位老教师就提出了第一个问题。这个问题被穿插在孙悟空和猪八戒的故事中，老师不像是在上数学课，先是绘声绘色地给学生讲了孙悟空和猪八戒吃桃子的故事，添加了许多细节，让学生哄堂大笑，听得入神。学生完全忘记了这是一堂"严肃"的数学课。当教师站在猪八戒的角色上提出问题时，所有学生都在急于思考，帮助猪八戒解决他的问题，而不是像我的课堂上的学生那样，学生思考和解决问题完全是因为我要求他们这么做。很快，速度快的学生马上有了反应，这群二年级的学生已经无形中进入了竞赛状态，都沉浸在这个故事里，一点也感觉不到他们是不情愿的痛苦的。整堂课都贯穿在这个故事中，孙悟空和猪八戒不断遇到各式各样的问题，学生边笑边帮他们解决问题。中间有一次，一个坐在角落的一个小男孩，可以看出来他是个很内向的学生，在全班这么热烈的氛围中，他也鼓足勇气举起手回答问题，结果可能是因为有些紧张，站起来时却迟迟说不出话来。全班都安静了，过了一会儿，有些活跃的学生已经按捺不住想要说出答案，却被老师微笑着制止了。老师看出了他的窘迫和内疚，便接着说："同学们，吴勇（这位内向的学生）好像有些紧张。我知道咱们班同学都是非常团结和友爱的，大家都非常喜欢互相帮助，我相信只要有你们的帮助和鼓励，吴勇同学一定会回答出下一个问题，谁愿意帮帮他呢？"一下子同学们都纷纷举手，吴勇同学也轻松了不少，课程又顺利地进行到下一个环节。

　　整堂课上完，听课的我和学生们都意犹未尽，我还沉浸在这个精彩的课堂中没反应过来，下课铃就已经响了，原来数学课还能这么有趣，并且将学生的思绪理得非常清楚，提问任意一位学生时都可以毫不犹豫地快速说出答案，每一位学生都参与到课堂中，没有学生发呆或思想抛锚，甚至每个学生都生怕没跟上老师的节奏，都快站在椅子上了。

听完了这节课，我的内心受到极大的震撼，该怎样提问，该怎样转换提问方向，该怎样引导学生，这位老师都为我做了一个很好的榜样，首先，先根据学生的年龄层次激发学生的学习兴趣，让每个提问都抓住学生的注意力，让学生自发地、积极地去解决问题并掌握知识。对于每一位学生的回答，教师也会根据每个学生的不同特点和个性做一些侧重点评，比如一些不太自信的学生，老师就会给他们很大的鼓励，当真实的问题摆在面前时，有经验的老师会给出更好的示范，所以就算学习了很多教育教学的理论，时刻保持一种谦逊的学习态度才是对的，我会多学习，多思考，向更好的我靠近。【S2018-1】

由上述教育轶事可以看出，这位新手教师在对自己以及他人的教学表现进行反思的过程中实现了专业的成长，具体体现在：对课堂提问的自我反思，听课态度的转变，对教育理论与教育实践关系的思考，对学生独特性的认识，对他人经验的总结，对自我认知的深化，对教育教学经验的拓展，对教学榜样的追寻，以及激发的不断前进的动力。这就是"经验+反思"所带来的成长。

除了教师的自觉反思外，还需要创设提升教师反思水平，增强教师反思能力的成长环境。换言之，教师教育机智的习得除了自我反思外，还需要外在环境的支持。因此，关注教师教育的模式尤其是职后继续教育模式就显得尤为重要。无论是对于教育机智还是对于其他实践性知识的培养，我们都需要不断地探索有效的教师教育模式。

二、聚焦教育机智的教师培训

陈向明认为，教育机智是教师实践性知识的重要构成之一，而"开发

灵机一动中迸发的智慧火花 >>>

教师的实践性知识也许比灌输学科知识、教育理论以及模仿教学技艺更重要。"① 她批判了传统的教师教育过于重视理论知识和机械模仿，忽视实践性知识的弊端。她评论道，"以往的教师教育通常采取两种方式：一是在师范院校里学习教育理论和学科知识，口耳相传，书面考试；二是在中小学教学实践中模仿优秀教师的可观察行为，听课、评课，面试考核。前者重理论灌输，脱离实际；后者重机械模仿，缺乏分析、批判和隐性知识显性化。"② 无独有偶，范梅南在批判国外教师教育的弊端时同样指出，"新手教师经常发现，在他们所学的有关教学的知识及其在教学实践中所需的知识之间似乎有着一种张力或很难匹配。教师教育者已经普遍意识到，在大学把检验过的'知识用到实践中'的教师培训模式不能提供有效的专业预备教育。"③ 因此，教师教育必须超越知识和技能的维度，关注难以传授的教育机智，正如范梅南所指出的，"教师的培训内涵要比传授知识和技巧深得多，甚至也比教授职业道德规范深得多。成为一名教师还包括那些不能被正式传授的东西：教育智慧的最具个性色彩的体现。"④ 因此，无论是教师的职前教育还是教师的继续教育，都应该将实践性知识提升到应该重视的高度。

虽然我国中小学教师国培项目比较重视名师经验和教师的跟岗研修，但是在培训中如何有效地开展实践性知识的教学还需要进一步的探索。基于前期的教学机智研究成果，我们在国培项目中开始探索教学机智的专题培训，采取工作坊的形式，在培训专家的引导下，通过案例式教学，教育

---

① 陈向明. 实践性知识：教师专业发展的知识基础 [J]. 北京大学教育评论，2003 (1)：111.
② 陈向明. 实践性知识：教师专业发展的知识基础 [J]. 北京大学教育评论，2003 (1)：111.
③ 范梅南. 教育敏感性和教师行动中的实践性知识 [J]. 北京大学教育评论，2008 (1)：9–10.
④ 范梅南. 教学机智——教育智慧的意蕴 [M]. 李树英，译. 北京：教育科学出版社，2001：14.

叙事撰写，小组合作探究，引导教师对自身的以及他人的教育经验进行反思，充分挖掘教师所具有的实践性知识。接下来我们展现了在新疆生产建设兵团中小学教师所参与的国培项目以及"硕师计划"研究生班中开展教育机智专题教学的情况。

我们开展的培训专题是"教师教育前沿：课堂教学的机智"，采用的教学方法是案例教学与小组讨论，教育叙事撰写与自我反思，案例分享与师生合作探究。在专题授课前，授课专家根据自己的课堂观察专门撰写了教育机智的一个案例，但在为学员呈现时，只呈现了教育机智案例的一部分——即教育机智发生的教育情境。然后引导学员沉浸在教育情境中，进而让学员设身处地地思考如果自己是那位老师会怎样应对，学员分享后，通过小组讨论进一步思考如何表现才算是教育机智。下面详细呈现了教育机智专题培训或专题教学过程。

【课程导入】教学情境的复杂性

炎炎夏日，年轻漂亮的语文实习老师李老师，身着一袭清爽的浅蓝色的连衣裙走进教室，铃声响起后，她开始讲授今天的教学内容《昆虫——人类未来理想的食物》。这篇课文主要讲述的是，随着地球人口膨胀，生态环境恶化，耕地面积减少，21世纪的人类将面临食物危机，科学家认为昆虫有着很高营养价值和利用价值，可以成为人类未来的理想食物。当李老师在黑板上通过板书讲解这篇文章的篇章结构时，突然不知道从哪里飞来了一只蜜蜂，围绕着李老师飞来飞去，忽近忽远。

一开始，李老师边讲课边本能地轻轻挥一下手臂，试图把蜜蜂赶跑，可是几次尝试之后，蜜蜂并没有走的意思，反而像围着一朵花采蜜一样，不肯离去。李老师反复再三赶撵蜜蜂的举动，显然也引起了

灵机一动中迸发的智慧火花 >>>

学生的注意，个别学生还掩饰自己的窃笑。学生的注意力已经被蜜蜂吸引。蜜蜂变本加厉地往李老师的怀里钻，似乎故意戏弄着讲课的李老师。害怕蜜蜂的她在课堂上又不能表现出失态举动。如果是你会怎么办呢？

这种情境导入式的教学，一方面是使中小学教师深刻理解教学的本质，即教学始终充满着不确定性，另一方面是使中小学教师能够自然而然地置身于故事的情境中，设身处地思考如何应对课堂突发的教育事件，从而引起教师的反思。有的教师说："遇到这种突发情况，我会和学生一起把蜜蜂赶出去，再上课。"有的教师说："我会尽量摆脱那只蜜蜂，怎么摆脱呢？我可以走下讲台走到学生中间去，那只蜜蜂有可能就不会围着我转了。"有的教师则说："我会想办法化解自己突如其来的尴尬，比如会对学生说，同学们快看，这只可爱的蜜蜂知道我们在讲昆虫的内容，被老师讲的内容吸引得不想离开呢。这样就把学生的注意力转移到教学当中。"学员表达自己的观点时如果偏离了思考的方向，授课专家会根据学员的反映做出某种引导。当不同小组的教师分享完自己的教育机智后，授课专家与中小学教师一起探讨哪种做法才是合适的或者才可以称为机智，并借机与教师一起分享教育机智案例的后半部分，即故事中的那位老师是如何做的。那位教师说："这只小蜜蜂知道我在讲授关于它们昆虫的内容，所以想听个究竟都舍不得走了。呵呵呵……"

接下来，授课专家提供了不同的教育情境供教师进行讨论。有的教育情境是教师在工作中经历过的。比如，当老师初次认识学生发现有学生的名字不认识或不确定怎么读时，该怎么办呢？不同的教师根据自己的经验提供了不同的解决策略。有的教师说："故意不点那位学生的名字，然后点名结束后，问谁的名字没有点到，让他自己介绍。"授课专家说："如果是我，我会向学生坦诚自己的无知，并向学生请教名字的读音？在以后的教学过程中，当我第一次拿到学生的名单时，首先会浏览一遍，碰到学生的名字比较复杂或者是多音字时会先查一下字典进行确认一下，以免再次碰到同样的尴尬。"授课专家引导小组讨论：什么是教育机智？教师在不同的教育情境下如何反应才算是真正的教育机智？教育机智与撒谎、欺骗的区别在哪里？这些问题成为授课专家与中小学教师共同探究的主题。授课专家并不提供权威的答案，而是与教师一起不断推动教育机智认识的深化。

为了增加案例的数量，提供更多分析与探讨的数据，授课专家引导教师进行教育叙事的写作，描述自己在教育教学工作中表现出来的教育机智或者不机智的事例。教育轶事的写作是引导教师进行自我反思的开始，而基于大量案例的小组讨论和分析才是研究的深入。通过苏格拉底式的提问，促使教师不断地进行自我反思，反思自己习得的教育教学理论，反思自己所信奉的教育理念，反思自己的思维与行动的习惯，从而形成自己关于教育机智的实践性知识。有的年轻教师通过思考自己学生时代的老师的教育机智来形成自己的教育经验。下面是一位教师对自己学生时代的老师的教育机智的反思。

记得初三临近中考的时候，许多学生都会去办理身份证以便中考用，但平时又上课，所以有时就会请假利用上课时间去办理。有一次历史课上，老师刚开始讲课，一位同学便出现在了教室门口，说道："老师，我去办身份证了，回来晚了。"老师说："好，进来吧。"结果没过多久又进来一个，老师也按照之前的方式点点头，学生便回到了座位上。当老师讲到"解忧"、"细君"公主出塞的这段历史时，又有两个同学回来了，由于老师讲得很专注，便没有注意到，但班里

灵机一动中迸发的智慧火花 >>>

的同学都注意到了。当老师突然意识到站在门口的同学时说了句："哎,这是谁回来了呀,我还以为是'解忧'、'细君'公主回来了,吓了一跳。"

这句"哎,是'解忧'公主出塞回来了吗?"不仅没有中断教学活动,而且还将教学活动与突发事件联系在一起,利用这个突发事件引起学生兴趣,让听课的学生更好地融入到课堂教学活动中去,并且还化解了迟到的同学站在门口的尴尬,让他们瞬间忘了尴尬,感到很开心——公主哎!一般女生被称为公主都会很开心的——让他们能够以很快的速度融入到课堂中来。此外,对于没有及时让学生回座位也给出了一个完美的解释,即我不是故意不让你们回座位的,只是当时没有注意到。因此,我觉得这个老师十分机智,这件事情处理得真是太棒了。【S2019-5】

由上述教育轶事可以看出,教师因为过于专注讲课而忽略了站在教室门口的学生,而教师的教育机智就在于将授课内容与这种突发情况有机结合起来,很自然地解决了问题。写作者作为一名教师在撰写自己曾经的老师的轶事过程中,不由自主地进行了反思,分析了教师的机智之所在。她认为,教师的机智之处就在于"将教学活动与突发事件联系在一起,利用这个突发事件引起学生兴趣,让听课的学生更好地融入到课堂教学活动中去,并且还化解了迟到同学站在门口的尴尬,让他们瞬间忘了尴尬,感到很开心。"由此可见,写作是教师反思最常见的一种方式,这种写作可以是教学反思、教学日志、教学评论,教学研究等等。通过反思,该教师找到了教育机智的一个本质特征,即教育机智的巧妙性。这种巧妙性体现在,教师能够迅速建立起突发事件与教学内容的关联,从而实现了由突发事件向课程教学的自然转向。

除了对教育机智案例的反思，教师在自己教育教学中表现出的非教育机智或者教学失误更容易引起教师的反思，教师对非教育机智行为的批判性反思对于教育机智的习得也具有重要意义。下述教育叙事呈现了一位教师对自身教学失误的反思，以及从反思中获得的专业成长。

【教育轶事】

2018年的6月1日，由于六年级七理的班主任因公出差，我成为了代课班主任。那天正当我在课堂上给学生讲解古诗的时候，班里两名男生突然打了起来，边打边骂。全班同学以及我的目光顿时聚集在他们两人身上。一时之间我没有做出反应，班里的女生也不敢上前，班长和体委立即站起来试图将他俩拉开，但由于打架的同学情绪激动，他们两人根本拉不开。此时我满脑子想的都是去找他们班班主任，但又一想班主任不在，不知当时哪里来的勇气，我站在他们身边大吼一声："给我滚出去打！"可能由于我是老师，俩人暂时停止了打架，走出了教室。我安排班长管理班级纪律，让语文课代表带着大家读课文，班里的打骂声被读书声所代替。我走出教室，两个学生不打了，但还在互相辱骂，看见我后都闭上了嘴。我询问事情经过才知道，两个人就因为玩一个小游戏而生气了，骂着骂着就打了起来。我让他们两个互相道歉，他们都很不服气地说了声对不起。我问他们："你们打架这个行为对不对？"两人低着头说："不对。""为啥还要做？"两人争相为自己辩解，甲说："老师，他先骂的我。"乙说："老师，他玩游戏耍赖。"我当时并没有说谁对谁错，而是说了句："上课该干吗不知道吗？谁让你们上课玩游戏了？"他们两个安静地站在那里。我问甲："你错哪儿了？"甲说："老师，我上课不应该玩游戏，也不应该动手打架，对不起老师，我知道错了。"我问乙："你

灵机一动中迸发的智慧火花 >>>

呢?"乙说:"老师,我也不该玩游戏,也不该动手。"随后,我对他们进行了一番教育,说道:"上课要好好听讲,不要做与课程无关的事情,同学之间有事好好沟通,不要动不动就拳脚相对,做人也要诚实,你们不仅影响到了我的教学进度也影响到了班里其他学生,这节课在外面好好反省一下。"我走进了教室,继续上课。【S2019-4】

【教育反思】

在这次突发事件中,我觉得我的处理方式没有问题,安排好学生的学习后再出去与他俩单独交流,但我犯了一个严重的错误,就是当着全班同学的面让他们滚出去,言语有些过失。事后我告诫自己,遇事要冷静,要控制好自己的情绪。我后来反思,在对他俩进行思想教育的时候有点直接,其实应该引导他们互相说出对不起,而不是迫于我的压力,要让孩子自己反思自己的行为,主动认识到自己的错误,而不是直接明了地告诉他们做错了。【S2019-4】

从这位老师对自身教学失误的反思中,我们可以发现她已经获得了关于教育机智的某些认识,比如面对课堂上学生打架的突发事件,教师应该控制自己的情绪,保持冷静,不能本能地做出反应。很显然,由情绪主宰的教师不可能做出机智的行为来。此外,采用强迫手段让学生认错不仅不能达到应有的教育效果,而且也很难对学生的健康成长发挥积极的教育影响。这位教师通过对非教育机智行为的反思形成了自己的教育经验,为教育机智的生成奠定了基础。教师的反思虽然是有益的,但是每位教师反思的能力和水平存在差异,因此从批判性反思中所获取的经验或智慧也会有很大的差异。下面的这位老师对教育机智行为进行了比较深入的反思。

【教育轶事】

记得高三那年一个炎炎夏日,政治老师在课堂上津津乐道着哲学观点，由于是下午第一节课，同学们还处于迷迷糊糊的状态，再加上深奥的哲学问题，头脑更不清醒了。就在大家困意涌上来时，一只小狗从教室的前门溜进了课堂，赶走了我们的困意。先是前排的同学发现狗的闯入，惊声叫道："有一只狗！"这便吸引了我们全班人的目光。我们便开始找寻狗的踪影，有的同学站起来四处张望，有的同学则将头伸向座位下面找寻。政治老师见我们对一只狗有这么大的好奇心，而对他的课却毫无兴致，于是就停下了关于哲学的讲解，说道："一定是我的课讲得太好了，连动物都想学习了，你们还不打起精神来好好珍惜听我讲课的最后机会？"此时我突然意识到，我们高三的学习生活快要结束了，更不应该荒废时间打瞌睡，要好好珍惜把握奋斗的时光。小狗进来溜了一圈，若无其事地离开了教室。同学们很快便挺直了腰杆儿开始认认真真地听课。【S2019-11】

【教育反思】

通过这件事情，我对老师的机智表现心生敬佩。他能够巧妙地利用课堂突发事件让我们意识到学习时光的短暂，并且以幽默的方式将我们拉回课堂。一个老师能够成功地应对这样的意外事件，说明他是一个成熟的老师。这种幽默的化解还会对学生产生一种积极的影响，这无疑更是锦上添花。教学能力和知识水平可以通过学习培训来完成，但这种教学机智却不是通过一朝一夕的学习就能获得的。教学机智是基于一个教师的教学经验和人生阅历，并不是凭空就能想象出来的，所以在教育教学工作中，我们要多听课，从他人的课堂上汲取经验，尤其需要虚心向老教师们学习，更需要我们去观察说话的艺术，注意生活和学习中的细节，去记录和捕捉一闪而现的灵感。在未来的教学工作中难免会出现不足，当我们完成今天的教学任务时，应该回想自己哪里做得还不够,哪里可以做得更好,并且要记录下来,时刻反思,提醒自己。一天工作结束时问问自己:"每日三省吾身了吗?"

【S2019-11】

从这位老师对自己曾经的老师表现出的教育机智进行的回顾与反思中,我们可以看出这位教师通过反思生成了一些实践性知识,尽管存在着不足。比如,教育机智表现为将课堂突发事件转化为一个富有教育意义的时机;教育机智通过幽默的方式来巧妙地化解教育危机与困境;教育机智基于经验和反思才有可能生成等等。当然这位教师的教育反思是在教师培训项目所创设的学习共同体环境中实现的,它离不开培训专家的启发和引导,以及小组成员的讨论。

教育者对学生时代所受教育经历的思考,有助于形成对教育机智或非教育机智的深刻认识。在下面的教育轶事中,教师通过反思可以获得一些教育机智的方法和策略,比如,在处理突发事件时,注意利用眼神与注视所形成的压力,直面矛盾与冲突但不激化矛盾与冲突,以及用幽默的语言化解尴尬等等。此外还有这位老师没有意识到的,比如教师的教育机智还体现在,通过类比恰当地建立起事情的联系,从而在类比中让学生体会到教师想要表达的意蕴。具体而言,教师把学生之间的矛盾与冲突同中美两个国家之间的摩擦相类比,意在说明学生之间为了鸡毛蒜皮的小事而大打出手是极不明智的选择。教师的教育机智体现在这种巧妙的类比中,而不是跟学生灌输人际关系的相处之道。教育者对学生时代的教育轶事的反思揭示了教育机智的某些方面,通过学习共同体的头脑风暴、合作探究对教育机智的认识还可以得到进一步深化和拓展。

【教育轶事】

记得读初中的时候,那时正值夏季,天气比较燥热,以至于同学们的心情也比较烦躁。那天语文课上，老师正在讲解古文中个别字词的意思，突然教室后面传来打斗的声音，所有同学的注意力全部集中在后排扭打成团的学生身上。这时，语文老师首先叫了他俩的名字，制止了他俩想继续打下去的想法。随后他俩虽然没有继续动手，但是开始相互进行语言攻击。语文老师没有开口说话，只是用眼神盯着他们俩，那俩学生可能是被语文老师盯得不好意思了，也可能是意识到自己不应该在课堂上打架，扰乱课堂秩序，就闭了嘴，低着头不说话了。等他俩冷静下来后，语文老师说道："你们这是多大的矛盾呀，中美关系紧张成这样还没动手呢，你俩之间的矛盾比这还大？"老师说完这话，那两个同学的头埋得更低了。随后老师又笑着说："如果真有这么大的矛盾，下了课我们去操场，我当裁判，班里同学当见证人，你俩好好PK一下，看看能不能分出胜负，现在是上课时间，坐下来先好好听课。"那俩同学立马坐下来，其他同学的注意力也都回到了老师身上。接下来，老师顺利地把后面的课讲完了。【S2019-9】

【教育反思】

老师处理整个事件用了不到五分钟。这五分钟的时间里，老师首先叫出打架学生的名字，让他们住手。在后面争吵过程中，老师用眼神告诉他们，现在所有人的注意力都在你俩身上。初中的学生，羞耻心还是挺强的，可以让他们保持相对的冷静。最后用非常幽默的语言来教育学生，而不是通过生气地怒吼来辱骂学生。当时的学生正处于青春期，辱骂的话肯定听不进去，而幽默的表达既能化解当时课堂氛围的尴尬，又能让学生意识到扰乱课堂是不对的，并且让学生的注意力重新回到课堂上来。我觉得当时语文老师处理这个突发事件的方式十分机智。语言是一门艺术，有时用比较幽默的语言解决问题可以起

到意想不到的效果。【S2019-9】

但是仅仅停留在个人层面的反思，所获得的经验是十分有限的，反思的深度和广度都具有局限性。此时就需要突破自身局限性，从自我走向他人，通过研究他人经验而获得教育的机智。教师教育培训项目为培养教师的教育机智创设了一个反思和学习共同体的环境，一个既反思自己的教育经验又可以反思同行经验的机会。当然，教师的教学反思可以以自我反思作为起点，然后逐步扩大到对他人的反思，进而激发出开展正式的教育教学研究的兴趣或热情。对于中小学教师而言，反思的最高境界就是成为教育教学实践的研究者。

教育教学实践与自我反思是教师专业成长的根本途径，此外，基于案例教学、教育叙事、经验分享，以及合作探究的教师教育模式也是培养教师的教育机智，促进教师专业成长又一重要途径。教师教育应该超越知识与技巧的传授，将类似于教育机智的一系列实践性知识纳入其中。教师教育应该培养教师的批判性反思的习惯，增强批判性反思的能力，从而在不断的实践与反思中习得教育机智等一系列实践性知识。

本章结论

教育机智是教师的一种实践性知识，它很难通过传统的教师教育模式得以传授。教师教育应该超越理论知识和教学技能的传授，将教师的实践性知识纳入其中。但是，一旦纳入其中，教师实践性知识的教授就成为一个迫在眉睫的问题。本章通过教师教育的国培项目及硕师计划研究生班的专题授课展示了如何通过案例引导、经验分享、教育叙事、合作探究的模式来促进中小学教师对教育机智的反思。通过教育叙事使教师重新返回到教育教学情境中，通过专家引导促进教师的深入反思。"经验+反思"是教师专业成长的根本途径，正是反思使得教师的教育教学工作不是数十年的简单机械的重复。反思一方面是教师个人自觉的反思，但是中小学教师职业的女性化，快节奏的教师职业生活，以及传统的家庭分工模式都导致很多教师不可能有很多对教育教学进行反思的时间，很多时候都是在与同事交谈的过程中非正式、非充分的反思。教师培训项目是使教师暂时脱离职业生存状态的桎梏，抽身出来进行深刻反思的重要途径，它为提升教师的反思水平，增强教师的反思能力提供了学习共同体的环境。教师培训项目旨在构建一个教师学习共同体，使每一位教师的教育经验与教学困惑在学习共同体内得以分享，由此会引发教师群体的反思，借助团队的头脑风暴与合作探究，教师个体的教育经验教训就变成了教师集体的智慧，从而有助于教师教育机智的习得。教师对教育教学反思的另一种正式的方式是通过成为教育教学的研究者来实现的。只有通过教育教学研究才能真正促进教师的专业发展，生成教师的教育智慧。如今，"教师成为研究者"已成为教师专业发展的一种共识。对于中小学教师而言，反思的最高境界就是成为教育教学实践的研究者。总而言之，教师反思的三种方式有日常生活中自觉或非自觉的反思、基于教师培训创设的学习共同体的深刻反思、教师作为教育教学实践研究者的批判性反思。

结　语

　　作为一名教师，同时作为一名教育研究者，我始终认为教育机智对每一名教师而言都是一个令人着迷的教育现象。很多教师在教育教学实践中都会偶然出现灵光乍现、急中生智的情景。随着基础教育改革的不断深入，学生学习的主动性和积极性日益凸显，学生不断向教师提出一个又一个挑战。随着知识爆炸和终身学习时代的到来，教师也不再是文化知识的垄断者，不再拥有绝对的知识优势，这意味着教育教学中的不确定性日益增多。这种不确定性给教师带来的更多的是不安全感和失控感，而教育机智是应对课堂危机的一种重要方式。教学本质也呼唤着教师的教育机智，课堂教学的本质告诉我们，教学不是教学设计的重演，而是教学设计在遭遇教学现实时的重新生成，它要求教育者对教学生成中的不确定性保持一种开放性。人对确定性寻求的本性也是促使我们研究教育机智的重要动机，因为教育机智正是对不确定性的巧妙应对。

　　教育机智根据不同的标准可以划分为不同的类型，我们基于三种分类标准对教育机智进行了描画。根据教育机智目的的指向不同，可以分为教师本位的教育机智和学生本位的教育机智。教师本位的教育机智表现为对师道尊严的维护，而学生本位的教育机智则表现为对学生自尊的维护。根据教育机智生成过程的不同，可以分为原生型教育机智和习得型教育机智。原生型教育机智表现为一种缄默的实践性知识，而习得型教育机智是以原生型教育机智为原型的，表现为一种可以言说的实践性知识。根据教育机智行为倾向的差异，可以分为主动型教育机智和被动型教育机智。主动型教育机智体现的往往是教育者从容应对的内在智慧，而被动型教育机智主要表现为对突发的、意料之外的事件的应急反应与巧妙应对。

我们从伦理维度、情感维度、创造维度和实践维度四个方面阐明了教育机智的根本特征。教育机智的伦理维度揭示了贯穿于教育机智行为中的动机、手段与结果三要素的关联。完美的教育机智应该是善的动机、手段和效果的统一，但从实践的层面上看，善意的谎言其实是可以被人接受的，因此，教育机智中也允许有善意的谎言，如果教育行为是出于善的动机，能够获得良好效果的话。教育机智的情感维度重点呈现了教师或学生面对教育教学困境束手无措时的尴尬体验与丢脸的感受。尴尬意味着教育教学关系变得僵滞、沉闷、压抑，教育机智旨在通过关注焦点的转移自然而然的消除尴尬的情感，维护师生的颜面和尊严。教育机智的创造维度揭示了化解尴尬的巧妙性。这种巧妙性表现在有意控制自己的情绪，缓和矛盾而不是激化矛盾，能够从负面或消极的教育事件中发掘出积极的意义，从学生的搅局行为中发现善的动机，在批评学生的同时维护学生的自尊，能够以幽默、自嘲等方式化解彼此的尴尬等等。教育机智的实践维度分析了教育机智作为一种实践性知识所具有的特征：情境性、个人性、默会性和可反思性。教育机智的实践维度体现了教育机智与情境、个人特质、语言，以及意识的关联。我们还从典型的非教育机智的案例中剖析了教育机智所应具备的根本特征。教育机智源于教育爱，表现为一种教育的敏感性，既是一种教育理解力，表现为对学生学习体验的感同身受，又是一种行动力，表现为一种行动的迅速性和果断性。

　　教育机智的生成源于教育问题意识，即当教育事件与教育者内心的教育信念或信奉理论发生矛盾冲突时，教育者就会将突发的教育事件建构为一个亟需解决的问题。教师采取行动化解教育问题或困境的方式有"相似地看与做"、"关注焦点的巧妙转移"、"基于教育信念的自然行动"。当教师具有丰富的教育经验时，教师容易形成思维与行为的习惯，通过"相似的看与做"来解决教育难题。这种教育机智更多体现了智慧的层面。当教育问题产生于师生互动的困境时，教师可以通过"关注焦点转移"的方式来消解教育关系中的尴尬。此外，还有一种教育机智是基于教育信念的自然行动。总而言之，教育机智的生成路径主要有三种：基于已有经验的行为习惯，诉诸他人的本能利己行为，基于内心信念的自然表现。这三种路径揭示了教育者应对教育困境或危机时的行为倾向。

　　教育机智习得的根本途径是经验加反思。对于中小学一线教师而言，教育教学实践是教师职业生活的常态，但是反思却不一定是每位教师的常态。中小学教师职业的女性化，紧张、快节奏的学校生活，以及传统的家庭分工模式使得教师一般情况下很难有太多的时间对自身的教育教学进行深入反思，大多表现为一种忙里偷闲的非正式的反思，毋庸讳言，这是一种不充分的反思。教师教育培训项目是促进教师进行深入反思的一种方式。教师培训拉开了教育实践与教育者的距离，为教师的深入反思创造了环境与条件。教师教育培训项目还应该将教育机智等实践性知识作为重要的课程内容，引导教师成为教育教学的反思者与研究者，实现教学与研究相辅相成、相得益彰。教师反思的另一种途径是成为教育教学的研究者，通过教研活动、课题研究等形式来开展正式研究。比如，教师成为教育机智的研究者有助于培养自身的教育机智。总而言之，实践让教师富有教育教学经验，反思让教师生成教育教学智慧。

　　教育机智的研究临近尾声，与其说取得了一些成果，不如说留下了太多的问题。教育机智的生成似乎与心理问题相关，与思维方式相关，与行动方式相关，与知行关系相关。本文并没有完全揭示原生型教育机智生成的复杂的心理过程，这可能涉及多个学科领域的相关理论。教育机智的出现往往是瞬间的过程，对这种短暂的机智行为如何进行深入研究或者跨学科研究还需要研究方法的创新。在这种意义上说，教育机智研究的瓶颈还有待突破。

　　一般而言，由于教师负有教育教学的职责，教育机智研究的焦点更多地指向教师，而缺乏对学生机智行为的关注。毋庸置疑，学生也是构成教育活动的重要的能动要素，教育教学是师生之间的一种特殊的人际关系，而教育机智的本质所涉及的恰恰是师生之间最深刻的人际关系。因此，未来教育机智研究的另一个方向是教育教学情境中学生的机智行为，而本研究中所提到的少量的学生机智的例子也暗示了该研究方向的意义和价值。当教师不具备教育机智时，学生要想在校园中、课堂上更好地学习生活下去，就不得不具备一些机智。探究教育场域中学生的机智行为可以让我们更深刻地理解复杂的师生关系与同辈群体关系，更深入地洞察学生的生活世界，更好地把握学生的生存状态，最终实现对教育机智的全面研究。

附 录

教育机智轶事撰写指南

尊敬的老师您好,

  我是石河子大学师范学院一名教师,目前正在开展一项关于教育机智的质性研究,该研究主要收集您(或者您曾经的老师)在教育、教学工作中与学生打交道时表现出来的机智(或不机智)的真实故事,如果您撰写的故事被选用研究,我们会保护您的个人隐私。在您写作前请认真阅读写作提示和参考案例。

教育机智研究课题组

2018 年 10 月

  【写作提示】请根据下面的写作要求,参考写作案例,撰写一篇 500 - 800 字的教育轶事。

  【1】请回忆一下您的教育教学工作经历,描述一件您记忆深刻并且觉得在教育教学工作中与学生打交道时表现出机智的故事。

  您也可以回顾并描述在您受教育过程中,认为您曾经的老师与学生(特别是与您)打交道时表现出来的机智行为。

  【2】请详细描述事件发展的背景、发生发展的过程、事件中的矛盾冲

突、化解危机的心理活动和外在行为,特别是事件发生过程中的心理状态(如始料未及、尴尬、羞愧、无所适从、不知所措、灵机一动、急中生智等)。故事中的人物可以采用匿名。

【3】重点描述事情处理、化解危机的机智表现。在故事结尾可以反思与评论自己(或自己以前的老师)的机智行为给教育教学工作带来的启发与思考。

【4】请确保您的故事一定是您真实经历的,没有抄袭他人作品。如果您读到过关于教育机智的故事也可以推荐给我们,但请标明文章来源。

【参考案例1】学生眼中的教育机智

记得在我小学一年级的时候,因为前一节课的老师拖堂了,我也没有时间去卫生间,所以在数学课一开始时,我便有了去卫生间的想法,但是一年级的我胆量很小,所以根本就不敢举手向老师说我想去卫生间的事情,我就想一直憋着,想着等到下课了再跑去卫生间。我感觉一节课四十分钟好漫长呀,我一直煎熬着,这节数学课的内容也是一点儿都没听进去,我憋得小脸通红,终于在某一刻……我在心里暗自想着,这件事应该不会有人发现的,但是我的同桌又是属于十分活泼那一类的,就在我正在心里祈祷的时候,他站起来指着地上跟老师说:"老师,地上有一摊水。"然后全班同学的视线都朝我这边射过来,老师也从讲台上走到我身边,我十分不好意思地低下了头。老师看到了我已经湿透的裤子和地上的一摊水迹,似乎明白了我的窘境,于是老师的目光定在了我书包侧兜的保温杯上,老师摸着我的头就问道:"是不是你的保温杯漏水了呀?"随后,老师转身控制住班里嬉笑的同学们,立刻把我领出了教室。在教室门口,她对我温柔地说:"琪琪,你不用太担心哦,我现在会叫你妈妈来帮你换裤子。另外,你也不用不好意思,下次如果想去卫生间的话,就可以直接举手给老师说，老师和同学们也都不会觉得这有什么问题的。小朋友嘛，这很正常。"我觉得这个老师真好，遇到了事情，她首先做的是安抚我的情绪，而不是一味地批评我扰乱了课堂秩序，也没有在同学们面前拆穿我，从而避免了我的尴尬。直到如今，我还是很感激她，是她维护了一个七岁小女孩的自尊心。

【参考案例2】教师眼中的机智

在一堂体育课教学中，我先讲解了脚内侧踢球的动作要领，接下来我在做示范时出现了失误：没有用球击倒标志桶。同学们开始嬉笑，当时我自己也感到有点尴尬，在边捡球的时候边想办法。突然我灵机一动，反问了同学们一句："有哪位同学帮老师分析一下，老师刚才为什么没有击倒标志桶呀？"同学们开始热烈地讨论起来，有的说老师支撑脚没有站对，也有的说击球部位不对……同学们在激烈的讨论中逐渐忘记了刚才的失误。我的尴尬不仅一下子化解了，而且我还庆幸自己的小失误让孩子们更深刻地记住了踢球的动作要领。在同学们回答完后，我又说："那老师现在按照你们给老师的建议再示范一次。"这次我一下击倒了三个标志桶。同学们都很开心，我也很开心。在接下来的练习中，他们都很认真。在后面的教学中，我会有意无意地表现出一些失误，让同学们来发现我的错误，从而让他们更好地记住动作的要领。

【您的故事】教育（学）机智轶事

教育（教学）机智轶事

参考文献

[1] 安亚芬. 教师教学机智生成的研究 [D]. 临汾：山西师范大学, 2018.

[2] 毕淑敏. 我很重要 [M]. 长春：时代文艺出版社, 2006.

[3] 波兰尼. 个人知识——迈向后批判哲学 [M]. 许泽民, 译. 贵阳：贵州人民出版社, 2000.

[4] 布迪厄, 实践感 [M]. 蒋梓骅, 译. 南京：译林出版社, 2012.

[5] 陈邦安. 程序控制与教学机智 [J]. 湖南教育, 1987（10）.

[6] 陈朝新. 应对课堂冲突的教学机智培养策略探讨 [J]. 当代教育科学, 2014（6）.

[7] 陈德华. 教育机智的特性及其转化"学困生"的使命 [J]. 现代特殊教育, 2003（11）.

[8] 陈丽萍. 关于课堂教学不确定性的探究 [J]. 教育探索, 2003（2）.

[9] 陈向明. 实践性知识：教师专业发展的知识基础 [J]. 北京大学教育评论, 2003（1）.

[10] 储德发. 基于情景答题模式下的班主任教育机智研究 [J]. 江

苏科技信息，2015（33）.

[11] 董淑花. 新课程改革中教师教育机智及其培养［J］. 基础教育参考，2005（5）.

[12] 杜威. 确定性的寻求：关于知行关系的研究［M］. 傅统先，译. 上海：上海人民出版社，2005.

[13] 董小玉. 洞察犀利　应变灵活——论课堂教学的教育机智［J］. 南通师专学报（社会科学版），1997（4）.

[14] 董小玉，巫正鸿. 教育机智浅谈［J］. 中国教育学刊，1995（1）.

[15] 范梅南. 研究并理解学生的体验［A］. 陈向明. 质性研究：反思与评论（第一卷）［C］. 重庆：重庆大学出版社，2008：12-21.

[16] 范梅南. 教学机智：教育智慧的意蕴［M］. 李树英，译. 北京：教育科学出版社，2001.

[17] 范梅南. 教育敏感性和教师行动中的实践性知识［J］. 北京大学教育评论，2008（1）.

[18] 范梅南. 生活体验研究——人文科学视野中的教育学［M］. 宋广文等，译. 北京：教育科学出版社，2003.

[19] 甘火花，潘静薇. 新教师课堂教学机智探析［J］. 教学研究，2009（2）.

[20] 高翠红，施孝忠. 也谈教育机智［J］. 教育与职业，2001（12）.

[21] 高凤春. 对教师的教育机智与课堂教学有效性的思考［J］. 基础教育参考，2018（23）.

[22] 顾明远. 教育大辞典（增订合编本·上）［M］. 上海：教育出版社，1998.

[23] 谷衍奎. 汉字源流字典［M］. 北京：语文出版社，2008.

[24] 关浩峰. 中学教师的教育机智一瞥［J］. 中小学教师培训，

1996（4）．

［25］海德格尔．存在与时间（第4版）［M］．陈嘉映，王庆节，译．北京：生活·读书·新知三联书店，2012．

［26］赫尔巴特．普通教育学［M］．李其龙，译．北京：人民教育出版社，2015．

［27］胡志金．语文课堂教育机智例谈［J］．教育科学研究，2004（3）．

［28］黄娟娟．教师的教育机智［M］．长春：东北师范大学出版社，2001．

［29］黄伟，谢利民．教学机智：跳荡在教学情景中的燧火［J］．北大教育评论，2005（1）．

［30］霍金宁．教师教育机智的生成［J］．现代教育论坛，2009（4）．

［31］贾婧超．中学语文教学机智研究［D］．锦州：渤海大学，2018．

［32］焦强磊．教学机智的层级特征研究——以新课改背景下的课堂教学为例［D］．南京：南京师范大学，2017．

［33］焦晓骏．教师的智慧［M］．福州：福建教育出版社，2007．

［34］李进成．不怕学生搅局：教师的教育机智修炼之道［M］．北京：中国轻工业出版社，2014．

［35］李月梅．试析教育机智产生的情感要素［J］．数学学习与研究，2009（14）．

［36］李卫，邵炳华．反思"教学意外"增长"教育机智"［J］．地理教学，2007（6）．

［37］刘莉．教育机智——教育智慧的意蕴［J］．江苏教育，2004（1）．

［38］刘丽君．浅谈教育机智的培养［J］．中国职工教育，1997（4）．

［39］刘徽．教学机智与教学预设矛盾吗—兼论剧本式教学计划和愿景式教学设计［J］．教育发展研究，2007（11）．

[40] 刘徽. 教学机智：成就智慧型课堂的即兴品质［D］. 上海：华东师范大学，2007.

[41] 刘野. 教育机智的类型［J］. 江西教育，2008（26）.

[42] 刘野. 教育机智的内涵及其运用策略［J］. 教育科学，2008（2）.

[43] 洛克. 教育漫话［M］. 傅任敢，译. 北京：教育科学出版社，2011.

[44] 马里诺，存在主义救了我［M］. 王喆，柯露洁，译. 北京：北京联合出版公司，2019.

[45] 马联芳，等.99个班主任的教育机智［M］. 上海：上海教育出版社，2006.

[46] 木公. 运用教育机智处理课堂上的偶发事件［J］. 上饶师专学报（社会科学版），1984（3）.

[47] 彭霞. 关于农村小学骨干教师教学机智的调查研究［D］. 长春：东北师范大学，2011.

[48] 皮连生. 学与教的心理学（4版）［M］. 上海：华东师范大学出版社，2006.

[49] 钱瑾. 如果我是那位老师——也谈教师的教育机智［J］. 江苏教育，2009（16）.

[50] 萨特. 存在与虚无（第4版）［M］. 陈宣良等，译. 北京：生活·读书·新知三联书店，2012.

[51] 舍恩. 反映的实践者：专业工作者如何在行动中思考［M］. 夏林清，译. 北京：教育科学出版社，2007.

[52] 舍恩. 培养反映的实践者：专业领域中关于教与学的一项全新设计［M］. 郝彩虹等，译. 北京：教育科学出版社.2008.

[53] 斯坦托姆. 怎样成为优秀教师［J］. 汪琛，译. 外国教育动态，

1983（1）：16.

［54］宋德如，李宗胜．直面课堂尴尬——教育机智的表现及其培养［J］．教育探索，2001（12）．

［55］宋跃飞．"实践感"与理解个体行动——对布迪厄实践理论的分析［J］．武汉科技大学学报（社会科学版），2011（1）．

［56］苏霍姆林斯基．给教师的建议（修订版）［M］．杜殿坤，编译．北京：教育科学出版社，1984.

［57］苏勇．课堂偶发事件的类型及处理办法［J］．基础教育课程，2007（1）．

［58］孙启民．远离伪教学机智［J］．素质教育大参考，2004（8）．

［59］童阜兰．课堂教学偶发事件的处理策略［J］．教育理论与实践，2009（1）．

［60］涂艳国，王卫华．论教师的教学惯习对教学机智的影响［J］．教育研究，2008（9）．

［61］王北生．教学艺术（第2版）［M］．开封：河南大学出版社，2001.

［62］王花．初中语文课堂中教学机智典型案例释析［D］．海口：海南师范大学，2015.

［63］王华婷．主体间实践视角下教学机智的生成逻辑研究［D］．西安：陕西师范大学，2013.

［64］王九红．教学机智从哪儿来？——基于学科教学知识视角的案例分析［J］．江苏教育研究，2015（1）．

［65］王觉仁．王阳明心学［M］．北京：民主与建设出版社，2015.

［66］王丽秋．教育机智的内涵及运用策略探索［J］．淮北师范大学学报（哲学社会科学版），2011（4）．

[67] 汪刘生. 论教学机智 [J]. 安徽师大学报, 1993 (3).

[68] 王萍. 教育现象学视域中的教育机智 [J]. 教育科学研究, 2012 (2).

[69] 王卫学. 教学中教育机智的研究 [D]. 天津: 天津师范大学, 2004.

[70] 王卫华. 教学机智论 [D]. 武汉: 华中师范大学, 2009.

[71] 王卫华. 论教学机智的判别条件及分类 [J]. 江西教育科研, 2007 (4).

[72] 王永明, 李森. 观察学习: 教育机智获得的有效途径 [J]. 教育教育, 2010 (12).

[73] 王枬. 教育智慧: 教师诗意的栖居 [J]. 社会科学家, 2002 (2).

[74] 王阳明. 传习录 [M]. 姚彦汝, 译. 北京: 北京联合出版公司, 2015.

[75] 吴荣山. 课堂出彩与教师教学机智 [J]. 上海教育科研, 2005 (2)

[76] 乌申斯基. 人是教育的对象 (上卷) [M]. 郑文樾, 译. 北京: 人民教育出版社, 2004.

[77] 肖远骑. 论课堂的教育机智 [J]. 中国教育学刊, 1994 (1).

[78] 徐晋华. 教学机智研究述评与展望 [J]. 福建教育学院学报, 2013 (3).

[79] 徐彦辉. 论教学的"不确定性" [J]. 全球教育展望, 2008 (5).

[80] 亚里士多德. 尼各马可伦理学 [M] //亚里士多德全集: 第八卷. 北京: 中国人民大学出版社, 2009.

[81] 亚里士多德. 尼各马可伦理学 [M]. 廖申白, 译. 北京: 商务印书馆, 2003.

[82] 严丽芳. 要富有教育机智 [J]. 福建论坛 (社科教育版),

2004（3）.

［83］杨波. 德育教育机智中的"六要"［J］. 四川教育学院学报，2001（2）.

［84］杨伯峻. 孟子译注［M］. 北京：中华书局，2008：125.

［85］佚名. 教师教育机智的特点及培养［J］. 中小学教师培训，1989（4）.

［86］约翰逊. 海德格尔［M］. 张祥龙，林丹，朱刚，译. 北京：中华书局，2014.

［87］赞可夫. 和教师的谈话［M］. 杜殿坤，译. 北京：教育科学出版社，1980.

［88］张健. 新课程背景下的课堂教学机智研究［D］. 桂林：广西师范大学，2006.

［89］张瑞. 浅谈新课程改革下教师的必备素质——教育机智［J］. 辽宁教育行政学院学报，2006（9）.

［90］张淑清. 论教育机智［J］. 忻州师范专科学校学报，2000（2）.

［91］张文英. 浅谈体育课堂教育机智［J］. 哈尔滨体育学院学报，2000（3）.

［92］张跃先. 教育机智的内涵、特点及应用策略［J］. 长冶学院学报，2015（6）.

［93］中国教育科学研究院课程教学研究中心课题组. 基础教育课程改革十年：经验、问题与对策［J］. 教育科学研究，2012（9）.

［94］中国心理学会教育心理专业委员会教师心理教育机智课题组. 教师教育机智与技巧200例［M］. 成都：电子科技大学出版社，1990.

［95］中华人民共和国教育部. 基础教育课程改革纲要（试行）［J］. 学科教育，2001（7）.

[96] 钟启泉. 教育机智: 教学艺术的核心要素 [J]. 语文学习, 1991 (10).

[97] 周荣秀. 课堂"意外"三步曲及其教育意蕴 [J]. 天津师范大学学报 (基础教育版), 2009 (4).

[98] 朱小蔓. 与世界著名教育学者对话 (第一辑) [M]. 北京: 教育科学出版社出版, 2014.

[99] 邹翀. 浅谈政治教师的教育机智 [J]. 成才之路, 2008 (2): 15.

[100] English, A. Pedagogical Tact: Learning to Teach "In-Between" //English, A. Discontinuity in Learning: Dewey, Herbart and Education as Transformation. Cambridge: Cambridge University Press, 2013: 126-146.

[101] Fišer, J. The Quality of The Teacher-Pupil Relationship—An Essay on Pedagogical Tact [J]. International Review of Education, 1972, 18 (1): 467-472.

[102] Jusso, H., & Laine, T. Tact and Atmosphere in the Pedagogic Relationship [J]. Analytic Teaching and Philosophical Praxis, 2006, 25 (1): 1-17.

[103] Määttä, K., & Uusiautti, S. Pedagogical Authority and Pedagogical Love-Connected or Incompatible? [J]. International Journal of Whole Schooling, 2012, 8 (1): 21-39.

[104] Van Manen, M. The Tone of Teaching: The Language of Pedagogy [M]. Ontario: The Althouse Press, 2002.

致 谢

教育机智是教师教育实践中某一瞬间闪现的灵感，是教师思维跳跃中不时迸发的智慧火花，是教学实践中不期而遇的出彩。教育机智不仅是中小学一线教师颇为关注的教育现象，而且也是教育研究者值得探索的一个充满魅力的课题。我之所以进行这项研究，绝不仅仅出于个人的学术兴趣，而是为了一个承诺。这个承诺是我对兵团中小学一线教师做出的。与这些青年教师结缘是因为国培项目，作为国培项目负责人，根据"国培计划"课程标准，为国培学员开设了"课堂教学的机智"专题培训，通过案例教学，启发引导，经验分享，反思与讨论，共同探究，教育叙事写作等方式激发了他们的学习热情。这些青年教师，即我的研究参与者，多数有3年左右的工作经验。此外，我的研究参与者中还有"硕师计划"的研究生班的学生，他们是因"硕师计划"而回到校园里攻读硕士学位的青年教师，他们仅有一学期正式工作的经验。我为他们开设了同样的专题教学，这些研究参与者也对教育机智这个专题表现出了浓厚的兴趣，并且分享了自己在教学实践当中的机智表现，有的还讲述了学生时代自己的老师表现出教育机智的故事。不论是在国培项目中，还是在"硕师计划"研究生班的课堂教学中，这些年轻的老师们不仅为我的研究提供了大量的教育轶事，而且通过反思与讨论，表达了自己对教育机智的深刻认识，为此项研究贡献了自己的智慧。我向他们承诺写一本反映中小学教师教育机智的著作，把他们的故事写进去。虽然我没有给他们承诺时间，但是，仅仅这个承诺本身就足以成为我进行此次研究的一种最大的动力。作为一名进行基础教育研究的高校教师，学术研究为谁服务是一个首先要明确的问题。毋庸置疑，基础教育研究应该为中小学教师的教育教学实践服务。教育机智研究不仅应该来源于中小学教师的教育教学实践，而且更应该反哺于教育教学实践。正是我们共同的关注和兴趣推动着此项研究的开展。这项研究工作持续了近两年，那些年轻老师的音容笑貌已经不再清晰，但是他们讲述的那些故事依然激动人心，是他们激励着我必须尽快完成这项工作，因为我欠他们一个承诺。因此，在研究行将结束之际，我一方面对他们对此项研究做出的贡献表示感谢，感谢他们的慷慨和坦诚，他们不仅提供了大量的教育轶事，而且还提供了深入的分析，提出的一些观点也进一步促进了我对教育机智的深入思考。另一方面，我为这一承诺实现的较晚向他们表示歉意，不少老师认真撰写教育机智的故事，也许非常期待他们的故事能够呈现在此项研究之中。

此外，还要感谢石河子大学各个学院选修我开设的《现象学教育学》课程的大学生们，他们当中也有不少为教育机智的研究提供案例的人，也有为我分析教育机智提供有益见解的人。感谢那些在我开设的《教师职业道德》课程的作业中提供教育机智案例的大学生们，虽然他们写作的动机并不是为了我的课题研究，提供的案例也非常有限，但却十分重要。我从他们撰写的课程作业当中发掘出了教育机智的案例，征得他们的同意之后才用于我的研究，感谢他们的真诚与支持。

感谢石河子大学师范学院给予我连续四年承担国培项目的机会,正因为如此,我才有幸与兵团众多的中小学一线青年教师们接触,才有了走进他们内心世界、了解他们生存状态和生活体验的可能性。感谢学院给予我为"硕师计划"研究生班的老师们开设课程的机会。教育机智专题的探讨让我深刻体会到此项研究对于青年教师的重要意义。

感谢2018级教育学专业的罗秦洋、冯力、王晨双、王银雪等同学的热心帮助,是他们在短暂的时间内将收集到的教育机智轶事的纸质材料转换成了能够在电脑中进行编辑的Word文档,正是因为他们的帮助提高了此项研究的效率。

感谢我的家人对我长期深夜工作的关心和理解,我的妻子和女儿经常监督我的作息,让我不要熬夜,关心中透着严厉,但最终拗不过我,对我还是表示了宽容。感谢她们,同时也向她们表示歉意,因为她们希望我能够有一个健康的身体,她们需要一个身体健康的丈夫和父亲。刚刚上小学一年级的女儿,每天饮食起居上学下学接送,作业辅导等工作非常艰巨,而我的妻子默默承担了大部分养育孩子的责任,正是因为她的付出,不仅减轻了我工作的压力,而且为我的研究赢得了宝贵的时间,真心地感谢她!感谢我活泼可爱的女儿给我的生活带来的美好,是她让我在体验亲子相处的快乐与幸福的同时,更深刻地去反思什么才是真正的教育。